Zu diesem Buch

«Wo wohnt Gott?» – «Warum hängt der Mann am Kreuz?» – «Hat er auch eine Frau?»

Irgendwann hören Eltern und Erzieherinnen solche oder ähnliche Fragen von Kindern. Und viele Erwachsene reagieren verlegen, setzen zu umständlichen Erklärungen an... ganz anders als bei den tausend anderen Fragen, die tagtäglich von den Kindern gestellt werden.

Kein Wunder, denn mit solchen Fragen wird viel in Frage gestellt, vieles berührt: die eigene Biographie, möglicherweise der Abschied von einer Religionsgemeinschaft... Da will man es sich mit den Antworten nicht zu leicht machen, und das ist gut so. Die Kinder sollen ruhig spüren, daß ein Gespräch über Gott schwierig ist, daß die Erwachsenen das Thema nicht im Griff haben.

Bräuche und Rituale, Bilder, Geschichten und Lieder können Fragen hervorrufen, können sie beantworten, können neue Fragen und neues Nachdenken provozieren. Aber auch alltägliche Probleme gehören zu der Frage nach Gott: Was gilt uns als wichtig, wo sind wir verantwortlich, wo protestieren wir, wo laufen wir einfach mit? Die Leserinnen und Leser finden in diesem Buch Anwort-Versuche, Anregungen zu Weihnachts- oder Geburtstagsfeiern, zur Gestaltung von Taufe und Konfirmation. Geschrieben von engagierten Christen, die den Dialog auch mit den aus der Kirche Ausgetretenen suchen. Die Fotos von Jürgen Junker-Rösch aus Berlin und die meditativen Texte aus verschiedenen Zeiten sind eine Einladung an die Erwachsenen, sich eigener Erfahrungen zu erinnern.

Informationen über Herausgeber und Autoren finden sich im Anhang ab S. 224.

Anregungen und Kritik bitte an folgende Adresse: Büro für wissenschaftliche Publizistik Dr. Horst Speichert, Teutonenstr. 32b, 65187 Wiesbaden. Hier erhalten Sie auch gegen Voreinsendung eines als Standardbrief frankierten DIN-C6-quer-Umschlags einen Prospekt der Reihe «Mit Kindern leben».

Egbert Haug-Zapp / Heidi Mühle (Hg.)

Wenn Kinder nach Gott fragen

Mit Beiträgen von Paul Martin Clotz;
Egbert Haug-Zapp; Anne Kettner-Grosbüsch;
Heidi Mühle; Georg Pape und Astrid Diedrich;
Griet Petersen und Daniel Szemerédy

Fotos: Jürgen Junker-Rösch

rororo
Rowohlt

rororo Mit Kindern leben
Herausgegeben von Bernhard Schön und Horst Speichert

Umschlaggestaltung: Peter Wippermann/Jürgen Kaffer
(Foto: David de Lossy/The Image Bank)
Redaktion: Bernhard Schön

Originalausgabe
Veröffentlicht im Rowohlt Taschenbuch Verlag GmbH,
Reinbek bei Hamburg, Januar 1995

Satz Sabon PostScript Linotype Library, PM 5.0
Langosch Grafik + DTP, Hambug
Gesamtherstellung Clausen & Bosse, Leck
Printed in Germany
1690-ISBN 3 499 19561 5

Inhalt

1. Kinderfragen stellen in Frage

Von Gelegenheiten und Verlegenheiten bei der Begleitung der Kinder in ihrer religiösen Entwicklung

Wenn Kinder nach Gott fragen, kann das Erwachsene stark irritieren. Sie fragen ja selten im passenden Moment – etwa beim Schein der ersten Adventskerze oder bei einem schönen Spaziergang; sie fragen eher im überfüllten Bus oder zwei Minuten vor dem Aufbruch zur Schule. «Gott» – das ist für sie nichts feierlich Herausgehobenes, sondern ein Teil dieser noch weithin unbekannten, großen Welt, von der sie sich Schritt für Schritt Vertrautheit und Kenntnis erwerben wollen. Darum fragen sie voller Sachinteresse: «Wo wohnt Gott?» – «Wie sieht er aus?» – «Hat er auch eine Frau?»

Bei solchen Fragen reagieren die Erwachsenen – für die Kinder verblüffenderweise – völlig anders, als wenn sie nach dem Funktionieren des Telefons oder dem Wachstum der Radieschen gefragt werden. Verlegenheit breitet sich aus – oder philosophischer Ernst; es wird schnell ein anderes Thema angeschnitten – oder auf später vertröstet.

Nun hat diese Verlegenheit der Erwachsenen ja gute Gründe.

Mit dem Wort «Gott» ist jahrtausendelanges Fragen, Suchen, Nachdenken verbunden: Erfahrungen wurden gedeutet, Bekennt-

nisse formuliert, Gesetze begründet, Rituale gefeiert, Symbole verehrt. Wie viele Wege, wie viele Irrwege der Menschheit wurden «Religion» genannt! Wenn Kinder ganz unbefangen nach Gott fragen, schießen den Eltern einzelne Sätze aus dem Religionsunterricht durch den Kopf. Sie erinnern sich vielleicht an ihre gemischten Gefühle bei Gebeten und Gottesdiensten. Plötzlich ist wieder ganz gegenwärtig, daß mit vielen einleuchtenden Argumenten eines Tages der Abschied vom Kinderglauben, vielleicht auch der Kirchenaustritt vollzogen wurde. Fängt nun alles wieder von vorne an? Müssen die Kinder dieselben Enttäuschungen erleben? Kann man ihnen «Gott» nicht ersparen?

Aber da ist auch der Wunsch, nicht nur in einer eindimensionalen Welt zu leben, die Ahnung, daß «Gott» für Erfahrungen stehen könnte, die dem Leben der Kinder Sinn geben und die ihnen nicht vorenthalten werden sollten. Wenn Kinder nach Gott fragen, dann wird Erwachsenen oft das ganze Durcheinander ihres Wissens und ihrer Gefühle bewußt. Wie sollen sie all das in eine für Kinder verständliche Antwort packen?

Wir gehen in diesem Buch davon aus, daß Kinder, wenn sie nach Gott fragen, nicht eine schnelle, «richtige» Antwort brauchen – wer könnte die schon garantieren? Sie brauchen Menschen, die ihre Fragen ernst nehmen und die eigenen Fragen nicht verdrängen. Wer Kinder nicht nur mit vordergründigen Informationen und rationalen Welterklärungen bedienen will, der wird Fragen hören, die an die eigene Substanz gehen. Sie werden auf kindliche Art gestellt, längst ehe die Fähigkeit zu präzisen Formulierungen vorhanden ist, und würden in unsere Erwachsenensprache umformuliert etwa so klingen: «Trägt deine Liebe, auch wenn ich nicht liebenswürdig bin?» fragt das kranke Kind, das die Geduld der Eltern überstrapaziert. «Läßt du mich selbständig werden, auch wenn du brauchst, daß ich dich brauche?» fragt das Kind, das gelernt hat, «nein» und «ich» zu sagen. «Endet dein Interesse und dein Verantwortungsgefühl an unserer Wohnungstür?» fragt das Kind, das auf dem Spielplatz die ersten Kontakte mit anderen Kindern aufnimmt.

Solche Fragen sind für uns Fragen nach Gott. Ob sie gehört werden, wie darauf reagiert wird – das ist ein wichtiger Beitrag zu einem Leben, das sich nicht in Arbeit und Konsum erschöpft. Wenn «Gott» für den Zusammenhang alles Lebendigen steht, wenn er Vertrauen begründet und Hoffnung am Leben erhält, dann brauchen Kinder Erwachsene, die mit ihnen zusammen nach ihm fragen und sie an ihren Erfahrungen teilnehmen lassen.

Denn wenn Kinder anfangen, mit Worten nach Gott zu fragen, dann brauchen sie auch Ant-Wort. Die stimmige Haltung ist das Erste und Wichtigste. Aber weil unsere Haltung nicht immer «stimmt», weil wir unsere Hoffnung und unser Vertrauen ja auch von anderen bezogen haben, deshalb können wir auch auf vermittelte, erzählte Erfahrung zurückgreifen. Allgemeingültige Sätze stehen uns dabei nicht zur Verfügung. Frühere Generationen hatten ihre Katechismus-Wahrheiten, die wie gut verschnürte Pakete von einer Generation zur anderen weitergegeben wurden: «Wo wohnt Gott?» – «(a) im Himmel, (b) in der Kirche, (c) in deinem Herzen». Das klingt logisch, aber es legt fest, und es verführt zu falschen Bildern: Gott ist weit weg – Gott ist nur in seinem Haus – Gott ist bedrohlich nahe, winzig klein, unspürbar. Nein, wenn man heute solche Sätze sagt, muß man sich auf einen langen Prozeß des Nachdenkens, Rückfragens, Erklärens einlassen. Und da ist es für Kinder wohl besser zu erzählen: Wie ich selber einmal gespürt habe, jetzt ist Gott mir nahe – oder wie ein Prophet einmal gedacht hat, Gott wäre im Sturm oder im Erdbeben, und lernen mußte, daß er in der Stille ist (1. Könige 19) – oder wie die Freunde von Jesus geglaubt haben: So wie er mit uns lebt, so ist Gott.

Es schadet Kindern nicht, wenn sie spüren, daß das Gespräch über Gott für ihre Eltern schwierig ist. Rückfragen, Nachdenk-Pausen, Antwort-Versuche, die wieder verworfen werden, diese ganze Unsicherheit kann Kindern zeigen: Hier geht es um etwas Wichtiges, das die Großen auch nicht im Griff haben. Hier bleibt etwas, das wir nicht restlos erklären und verstehen können. Mit diesen Fragen werden wir es unser Leben lang zu tun haben.

Wenn Kinder nach Gott fragen, dann haben Eltern vorher schon diese Fragen in anderer Weise gehört. Kinder *sind* eine Frage nach Gott. In einigen Kapiteln dieses Buches beschreiben unterschiedliche Autorinnen und Autoren, daß die bewußte Ent-

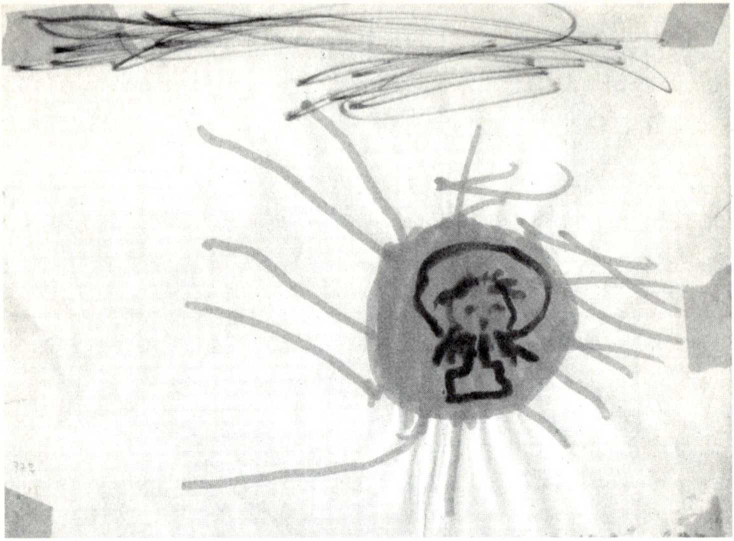

Abb. 1

scheidung für das Kind ihnen nicht selbstverständlich war, daß es die unvernünftige Entscheidung für das Leben trotz aller Bedrohung war. Auf Grund welchen Vertrauens, auf Grund welcher Hoffnung konnten sie ein Kind ins Leben rufen, konnten sie sich ein Leben mit dem Kind wünschen? Auf diese Frage gibt es unterschiedliche Antworten, vom naiven Optimismus bis zum skeptischen «Trotzdem». Vielleicht können Sie beim Lesen denen zustimmen, die verwundert feststellen, daß das werdende Kind in ihnen die alte Frage nach Gott neu wach werden ließ.

Wenn Kinder nach Gott fragen, dann stellen sie uns Erwachsene in Frage. Sie erkundigen sich ja nicht nach Kirchenzugehörigkeit und Konfession, ehe sie Gott ins Gespräch bringen. Sie nehmen keine Rücksicht darauf, daß wir dieses Thema erledigt glaubten. Da bittet der vierjährige Christoph den Vater, der schon lange aus der Kirche ausgetreten ist: «Mal mir den Gott in meine Sonne» (s. Abb. 1). Da behauptet die sechsjährige Anja: «Gott ist

Abb. 2

eine Frau» – auch wenn das die gesamte katholische Familie schockiert (s. Abb. 2). Und die sechsjährige Inci entwirft ein Weltbild, das weder muslimischen noch christlichen Rechtgläubigen passen wird, aber ihr selbst Orientierung und Halt gibt: In der Welt drinnen hat Gott seinen Ort. Alle verwirrenden Wege, die Inci schon gehen mußte – von der Türkei, wo die Oma wohnt, zu dem Haus in Deutschland, dicht neben der christlichen Kirche –, werden von diesem Gott mit seinem Computer und seinem Fernseher gesehen und beschützt (s. Abb. 3, S. 16).

Solche Gottesbilder der Kinder bringen in uns etwas in Bewegung, was schon lange verkrustet und erstarrt war. Sie können uns dazu bringen, Gott aus dem Gefängnis der dogmatischen Sätze oder seiner ebenso dogmatischen Leugnungen zu entlassen und ihm Zugang zu unserem eigenen Leben, zu unserem Denken und Fühlen, zu unserer Phantasie und unserer Sehnsucht zu verschaffen.

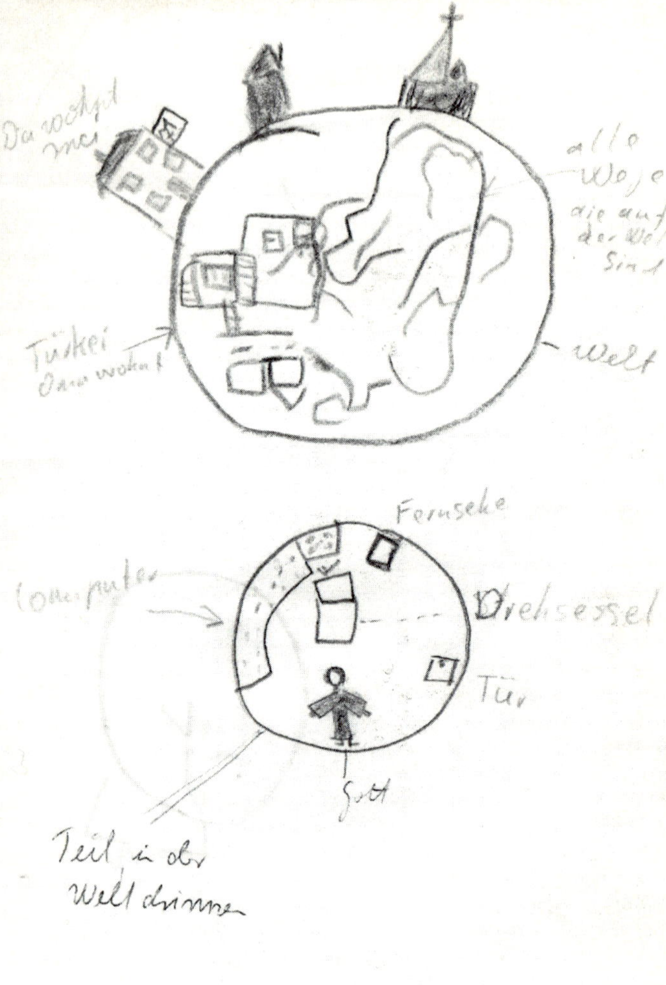

Abb. 3

Wir sagten: Wenn Kinder nach Gott fragen, brauchen sie keine fertigen Antworten, sondern Menschen, die sich auf sie einlassen. Wie kann dann ein Buch zu diesem Thema sinnvoll sein? Sicher nicht, indem es seinerseits den Eltern in fertigen Sätzen Methoden der religiösen Erziehung anbietet. Was wir versuchen, ist zu zeigen, in welchen Situationen Kinder im Lauf ihrer Entwicklung die Frage nach Gott stellen. Im Alltag kann man sie leicht überhören. Da kann es helfen, auf bestimmte Krisen aufmerksam zu machen und daran zu erinnern, daß auch die unausgesprochenen Fragen und die mißverständlichen Signale aufgenommen werden wollen.

Ein zweites Ziel dieses Buches ist, Eltern zu ermutigen, ihren Kindern Anlässe zum Fragen zu geben. Die Frage nach Gott fällt ja nicht vom Himmel. Im Verhalten und in den Worten der Erwachsenen muß etwas liegen, das die Neugier der Kinder weckt. In der hebräischen Bibel wird beschrieben, wie das alljährliche Passahfest die Frage des jüngsten Kindes auslöst: «Warum feiern wir diese Nacht?» So können auch christliche Feste, wenn sie nicht ganz vom Konsum verdeckt werden, Anlaß zu Fragen sein: «Wer ist dieser Jesus, dessen Geburtstag wir feiern?» «Warum hängt der Mann am Kreuz?» Bräuche und Rituale, Bilder, Geschichten und Lieder können Fragen hervorrufen, können sie beantworten, können neue Fragen und neues Nachdenken provozieren. Aber auch alltägliche Probleme gehören zu der Frage nach Gott: Was gilt uns als wichtig, wo sind wir verantwortlich, wo protestieren wir, wo machen wir mit?

Und dann gibt es die Fragen, die wir Kindern und uns selbst lieber ersparen würden: die Frage nach dem Bösen und der Ungerechtigkeit in der Welt, die Frage nach Schuld und Tod. Es kostet Kraft, sich diesen Fragen zu stellen und sie mit den Kindern zusammen auszuhalten. «Gott» ist da nicht einfach die Antwort, die alles gut macht – im Gegenteil: Oft wird es schwieriger, wenn man ihn ins Spiel bringt. Dumpfe Resignation, Glaube an ein anonymes Schicksal, scheinbar fromme Ergebung liegen näher. Wer in Klage, Zorn, Anklage und Wut Gott zum Partner hat, findet Worte für sein Leid – und sagt dem «wunschlosen Unglück» ab.

Sie finden in diesem Buch Erfahrungen von Menschen, die mit Kindern und ihren Fragen nach Gott leben. Sie finden Antwort-

Versuche, Rückfragen an die Kinder, die das Verstehen suchen; Geschichten oder Sätze, die den Erwachsenen selbst eingeleuchtet haben; Anregungen zu gemeinsamen Feiern, Singen, Beten und Anregungen zum Ausprobieren von Verhaltensweisen und Denkmöglichkeiten. In all diesen Angeboten finden Sie das gleiche Anliegen: Begleitung, die Kinder nicht abspeist mit Formeln, sondern sättigt mit Erfahrungen.

Einladungen an die Eltern, sich eigener Erfahrungen zu erinnern, sind die jedes Kapitel einleitenden symbolischen Fotos von Jürgen Junker-Rösch und die meditativen Texte aus verschiedenen Zeiten.

Allen Autoren und Autorinnen dieses Buches ist gemeinsam, daß sie aus der christlichen, genauer gesagt: der evangelischen, Tradition kommen. Sie verleugnen das nicht, sie versuchen, ihre eigenen Erfahrungen glaubwürdig zu vermitteln. Aber sie möchten dabei offen bleiben und auch die Leser und Leserinnen zur Offenheit für andere, eigene Wege ermuntern. Denn wenn Kinder nach Gott fragen, ist das ein unvermutetes Geschenk: die Chance, mit ihnen zusammen, von ihnen und mit ihnen lernend, etwas von Gott zu erfahren.

(Egbert Haug-Zapp und Heidi Mühle)

Wo wohnt Gott?

Einmal brachte eine Mutter ihren Sohn zum Rabbi. Da fragte der Rabbi den Jungen: «Ich gebe dir einen Gulden, wenn du mir sagst, wo Gott wohnt.» Er antwortete: «Und ich gebe dir zwei Gulden, wenn du mir sagen kannst, wo er nicht wohnt.»

Wo wohnt Gott?

Rabbi M. war zu Gast bei gelehrten Männern. Er überraschte sie mit der Frage: «Wo wohnt Gott?» – Sie lachten über ihn: «Was redet Ihr! Ist doch die Welt seiner Herrlichkeit voll?» – Er aber beantwortete seine eigene Frage: «Gott wohnt, wo man ihn einläßt.»

(Aus: Martin Buber: Die Erzählungen der Chassidim, Zürich: Manesse)

2. «Gott muß doch eine Brille haben»

Kinderbilder von Gott – und wie sie mit den Kindern wachsen können

Kinder «erfinden» Gott nicht. Aber wenn sie von ihm hören, entstehen in ihnen Bilder. Sie verbinden das Wort mit ihren Erfahrungen, Gefühlen und Phantasien. Sie spüren, welche Bedeutung die Erwachsenen diesem Wort geben.

Ist Gott ein Geheimnis, von dem nur in feierlichen Augenblikken gesprochen wird? Ist er eine Floskel, die in allen möglichen Zusammenhängen fast ohne Sinn auftaucht («Um Gottes willen – Grüß Gott – Gott sei Dank»)? Ist er die Antwort auf alle Fragen, die das Lexikon nicht beantwortet? Ist er der Verbündete der Erwachsenen, der Kinder kleinhält? Ist er der umfassende Schutz für alles, was lebt?

Wenn Erwachsene Kindern das Wort «Gott» anbieten, dann sind sie – mehr oder weniger bewußt – mit einem Kernstück ihrer eigenen Kindheit beschäftigt. Wer war das, mein Kindergott? Wie sah er aus? Mit wem stand er in Beziehung, welche Orte gehörten in seinen Bereich? Konnte er sich verändern? Konnte ich mit ihm erwachsen werden? Oder mußte ich ihn aufgeben, um zu mir zu

finden? Gab es neue Erfahrungen mit ihm, oder blieb Gott in meiner Kindheit vergraben?

Wenn Sie sich Zeit nehmen, über diese Fragen nachzudenken, fallen Ihnen vermutlich Menschen ein, die mit Ihnen von Gott geredet haben. Sie werden sich an bestimmte Situationen erinnern, einmalige oder solche, die sich immer wieder ereigneten. Dabei werden Gefühle lebendig: Sehnsucht nach kindlicher Geborgenheit, Wut über Täuschungen und Einengung, Trauer über verlorene Träume. Gut ist es, darüber mit anderen zu reden. Wichtiger noch ist es, daraus Konsequenzen zu ziehen: Was von dem, was ich erlebt habe, möchte ich auch meinem Kind ermöglichen? Was soll ihm erspart bleiben?

Vielleicht geht es Ihnen aber auch ganz anders: «Gott» kam in Ihrer Kindheit nicht vor, jedenfalls nicht als eine – positiv oder negativ – wirksame Instanz. Er war vielleicht einmal Thema im Schulunterricht, aber es verbanden sich keine Erfahrungen mit ihm. Wahrscheinlich denken Sie jetzt darüber nach, ob das für Ihr Kind auch so sein soll. Sie werden überlegen: Welchen Sinn kann das Reden von Gott für mein Kind haben? Kann es hinter den banalen Erfahrungen des Alltags einen verborgenen Sinn ahnen lassen? Kann es helfen, in dieser belasteten Welt verantwortungsbewußt zu leben? Kann es dazu beitragen, in eine ungewisse Zukunft mit Hoffnung hineinzuwachsen? Kann es dazu führen, mit anderen Menschen zusammen und nicht gegen sie leben zu wollen?

Ob wir als Kind von Gott gehört haben oder nicht – eins ist klar: Die Vokabel «Gott» allein entscheidet noch nichts. Das Wort ist so entsetzlich abgenutzt und mißbraucht worden. Es muß mit eigenen guten Erfahrungen verknüpft werden, damit es glaubwürdig wird – aber es muß auch gelten können für einen Gesamtzusammenhang des Lebens. Wenn von Gott geredet wird, muß sehr genau hingehört und hingeschaut werden: Mit welchen Interessen wird diese Rede verbunden? Wem nützt solch ein Gott?

Auch wir Erwachsenen «erfinden» Gott nicht. Die Wurzeln unseres Lebens und Glaubens reichen tief in die Geschichte. Deshalb können wir auch – bei aller Offenheit unserer multireligiösen Gesellschaft – unseren Gott nicht beliebig aus dem Angebot der Religionen auswählen. Hinduistische oder buddhistische Religiosität kann uns faszinieren – ihr Wurzelgrund wird fremd bleiben, es sei denn, wir ließen uns auf einen langen und mühsamen Prozeß der Implantation ein. Der jüdisch-christliche Zusammenhang unseres Lebens drückt sich in unzähligen Denkfiguren und Handlungsweisen aus, auch da, wo Religion keine Rolle mehr spielt. Schon im Gespräch mit Muslimen, deren Glaubenswelt uns ja eigentlich nah ist, wird das deutlich. Insofern können wir auch hier nicht freischwebend und allgemein von Gott reden.

«Du fragst mich, was Gott ist, und ich will dir antworten, was er für mich ist» (so der Titel eines Heftes des Pädagogen Hartmut von Hentig), denn objektiv richtig kann kein Mensch von Gott reden. Immer werden es persönliche Erfahrungen sein, die verbunden werden mit dem, was als Glaubensbekenntnis der Gemeinschaft überliefert wird. Alle Glaubensbekenntnisse gehen zurück auf erzählte Erfahrungen. In dem, was von Jesus von Nazareth erzählt wird, sieht der christliche Glaube ein verbindliches Bild von Gott: In seiner Freundschaft zu den «kleinen Leuten» – Kindern, Frauen, Kranken –, in seiner Parteinahme für die Gescheiterten und Verachteten, in seinen Geschichten von Gottes väterlicher und mütterlicher Liebe und in seiner Absage an Machtansprüche und Gewalt ist Gott für Menschen da. Wer sich auf diese Geschichte Jesu einläßt, hat damit nicht die richtige Formulierung über Gott in der Hand, aber er spürt vielleicht die Einladung, nach ähnlichen Erfahrungen im eigenen Leben zu suchen.

Entwicklungsphasen von Kindern – Entwicklung ihres Gottesbildes

Kinder können uns bei der Klärung unseres Gottesbildes helfen. Ihre Fragen, ihre Vorstellungen und Bilder sind nie abstrakt, sondern immer mit ihren augenblicklichen Erfahrungen verbunden. Ihr Gott ist noch nicht zugedeckt von dogmatischen Grundsätzen, noch nicht festgelegt, noch nicht abgeschoben in himmlische Fernen oder blasse Ideen.

Wie Kinder in verschiedenen Entwicklungsphasen sich ihren Gott vorstellen, soll im folgenden an einigen Kinderbildern gezeigt werden. Dabei geht es nicht um eine religiöse Entwicklungspsychologie – gerade in diesem Bereich hat jedes Kind seine eigene Geschichte, die von den Bedingungen seiner Umwelt geprägt ist –, aber es geht doch um bestimmte Grunderfahrungen. Erik H. Erikson hat von acht Phasen des Menschen gesprochen (Erik H. Erikson, Die acht Phasen des Menschen, in: ders.: «Kindheit und Gesellschaft», 9. Aufl. Stuttgart 1984, S. 284 ff). Die ersten vier Phasen, die die Kindheit umfassen, können zum Verstehen der Kinderbilder helfen. Sie legen nicht fest, aber benennen in jeder Phase Entwicklungsaufgaben, die für das ganze weitere Leben Bedeutung haben. Die Kinderbilder zeigen, wie die Gottesvorstellung in jeder Phase auf die aktuelle Erfahrung oder Fragestellung bezogen wird.

Erste Phase: Vertrauen gegen Ur-Mißtrauen

Am Anfang des Lebens steht der Schock der Geburt: Vertrieben aus dem Paradies des Mutterleibes, entlassen in die helle, kalte Welt der lauten Geräusche, muß das Kind lernen, selbst zu atmen, selbst zu saugen. Es muß in diese Welt «hineingeliebt» werden, damit gegen die erste schlimme Erfahrung Vertrauen wachsen kann. Und es muß in den ersten Monaten zunehmend lernen, Trennung von der Mutter zu ertragen und in ihrem zuverlässigen Wiederkommen Vertrauen immer neu bestätigt zu bekommen. Solange die fraglose Einheit mit der Mutter das Grundgefühl bestimmt, braucht das Kind keinen Gott. Erst aus der Erfahrung des Getrenntseins entsteht die Angst vor Verlassenheit, die Sehnsucht nach Nähe und Geborgenheit, aber auch das Glück des erfüllten Vertrauens. Richten sich all diese Gefühle am Anfang des Lebens auf die Menschen, die für das Kind sorgen, so sind damit doch Grunderfahrungen verbunden, die sich später auf Gott beziehen können.

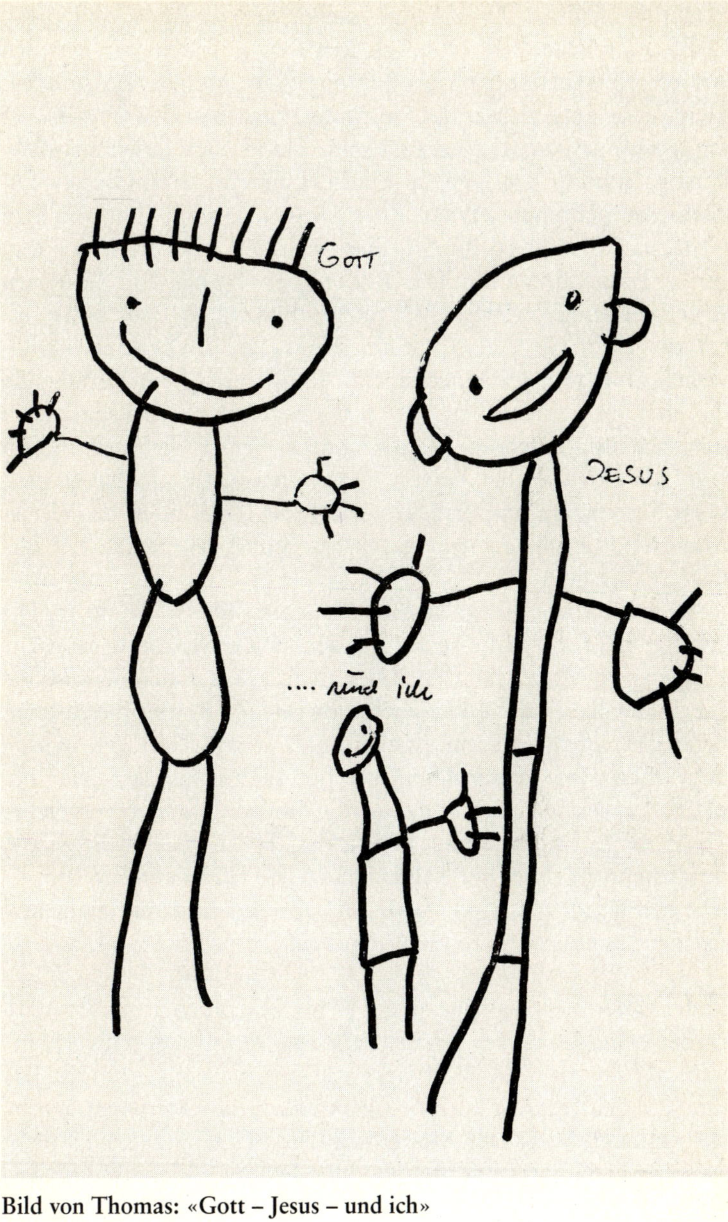

Bild von Thomas: «Gott – Jesus – und ich»

Der fünfjährige Thomas hat diesen Schritt schon vollzogen. Ohne zu wissen, wie er selbst sein Bild gedeutet hat, würden wir es selbstverständlich als Familienbild ansehen. Da steht er, klein, aber aufgerichtet, selbstständig, zwischen den Großen. Er kann zu ihnen aufschauen und seine Hand nach ihnen ausstrekken, er nimmt von sich aus Beziehung auf. Freundliches Lächeln, ausgebreitete Arme, Zuneigung begegnen ihm von den Großen. Sie schützen ihn mit ihren Händen, aber sie lassen ihm genug Raum und Luft. Das Bild zeigt: Thomas hat Vertrauen erwerben können. Dieses Vertrauen überträgt er ganz selbstverständlich auf Gott. Nah wie die Eltern, groß, aber zugewandt, stehen Gott und Jesus neben ihm. Es ist wohl kein Zufall, daß die eher mütterliche Figur als Jesus bezeichnet wird, daß Thomas sich ihr zuwendet. Wahrscheinlich hat er Geschichten von Jesus gehört, die sein Vertrauen stärkten, vielleicht hat er sich beim Zeichnen daran erinnert, wie Jesus die Kinder zu sich gerufen hat, sie in die Arme geschlossen und gesegnet hat (Markus 10, Verse 13–16).

«Der Herr lasse sein Angesicht leuchten über Dir und sei Dir gnädig, der Herr hebe sein Angesicht über Dich und gebe Dir Frieden» (4. Mose 6,24 ff) heißt es im alten Segen der hebräischen Bibel. Der liebevolle Blick der Eltern ist für Thomas durchscheinend geworden, er kann glauben, daß er von Gott geliebt und angesehen wird. «Du bist ein Gott, der mich sieht» sagt eine Frau in großer Verlassenheit und Angst in einer biblischen Geschichte (1. Mose 16,13). So ist zu hoffen, daß Thomas auch die Zeiten durchsteht, in denen ihn seine liebevollen Eltern enttäuschen. Er lebt nicht nur von ihrer Zuwendung, sondern kann darin und darüber an eine größere Liebe glauben.

In der ersten Lebensphase, in der es um Vertrauen gegen Ur-Mißtrauen geht, hat es die vierjährige Nicole vermutlich schwerer gehabt als Thomas. Ihr Bild wirkt zunächst viel ungekonnter. Die menschliche Figur ist kaum ausgeprägt, durch Übermalen wurde sie versteckt. Vater und Mutter, die Thomas schützen, sind nicht zu sehen. Die Figur erinnert an einen Embryo: klein und hilflos, aber doch von einer Schutzhülle umgeben, schwimmt sie im

Raum. Als ob vorgeburtliche Erinnerungen Nicole beschäftigen, als ob sie zurück möchte in den Mutterleib, so malt sie ihr Bild – als Bild von Gott.

«Gott hat sich versteckt, damit er nicht totgeschossen wird», hat Nicole zu diesem Bild gesagt. In ihren Erfahrungen von Angst, allein gelassen und bedroht zu werden, ist Gott für sie nicht der große Helfer, sondern klein und verletzlich wie sie. Nicole schützt ihren Gott, sie versteckt ihn. Vielleicht ist das ein Signal ihrer Hoffnung: Gott will – wie Nicole – leben.

Kein Mensch wird einer vierjährigen eine solche Gottesvorstellung vermitteln; kleinen Kindern wird immer der große Gott angeboten, der sie schützen soll. Aber Nicole hat nicht auf Worte geachtet, sie hat ihre Erfahrungen dargestellt. Es kann nicht nur die Fernseherfahrung von Krieg und Brutalität sein, die hinter diesem Bild steht. Es müssen die nächsten Erwachsenen gewesen sein, die – aus welchen Gründen auch immer – nicht in der Lage waren, ihr Zuversicht und Vertrauen zu ermöglichen. Immerhin ist Gott nicht auf der Seite derer, die mit dem Tod drohen, sondern auf der Seite der Bedrohten. Nicole ist damit ganz nahe an dem Kern der von Jesus gelebten Gotteserfahrung. Nicht der allmächtige, sondern der am Kreuz leidende und sterbende ist der christliche Gott. Aber dieser Glaube ist schon für Erwachsene schwer auszuhalten. Wenn Nicole den Schutz Gottes übernehmen muß, dann ist sie überfordert.

Oft wird behauptet, wer in den ersten Jahren seines Lebens nicht eine stabile Vertrauensbasis erworben habe, könne nie ein selbstbewußter Mensch werden – und nie an einen vertrauenswürdigen Gott glauben. Zum Glück sind solche Pauschalsätze oft genug vom Leben selbst widerlegt worden. Auch wenn die ersten Erfahrungen nicht gut waren, sie müssen nicht die einzigen und bestimmenden bleiben. Kinder wie Nicole brauchen Menschen, die mit ihnen und für sie nach neuen, vertrauenermöglichenden Erfahrungen suchen. Angst kann man nicht wegreden. Nicole wird noch lange Rückzugsmöglichkeiten brauchen, Höhlen und Verstecke, damit sie «nicht totgeschossen wird». Und sie wird Erwachsene brauchen, die geduldig vor ihren Verstecken warten, die sie spüren lassen: Du bist nicht allein. Dann können ihr auch

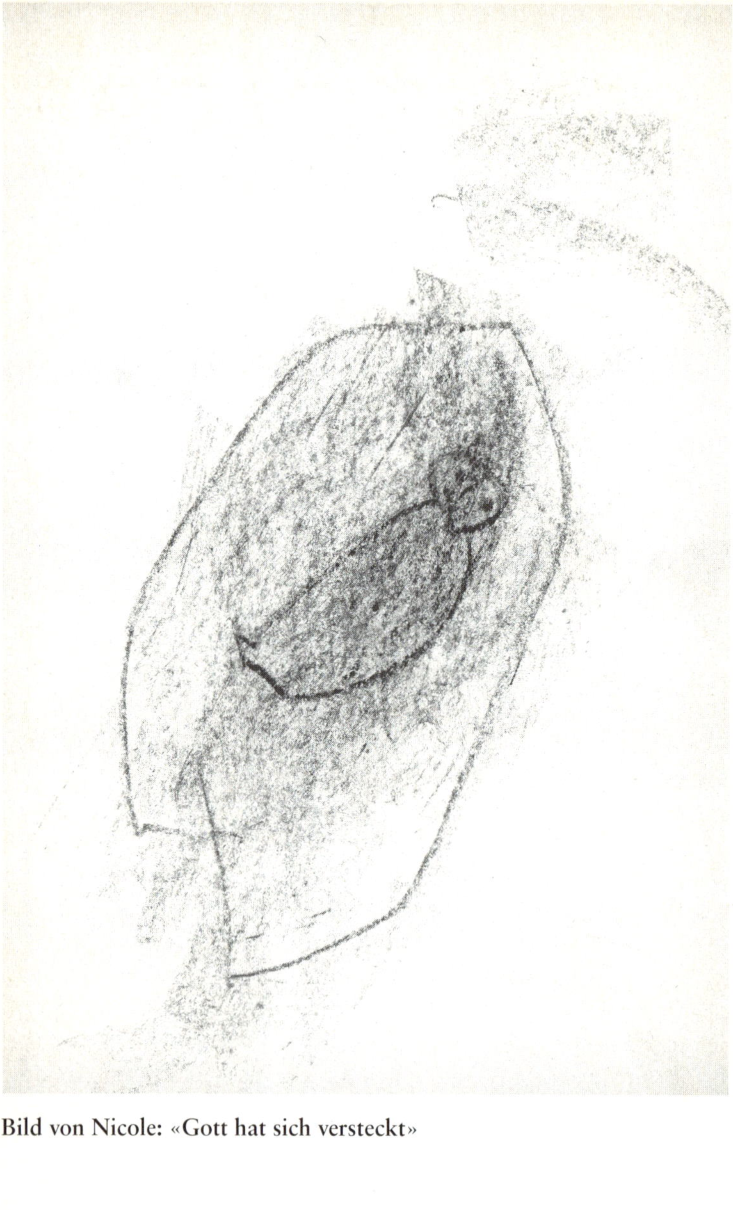

Bild von Nicole: «Gott hat sich versteckt»

Geschichten helfen: Märchen, in denen weder Rotkäppchen noch die Zicklein im Bauch des Wolfes bleiben müssen, biblische Geschichten, in denen das Leben stärker ist als der Tod. Die Geschichte von Geburt, Bedrohung und Bewahrung des Mose wird Nicole nahe sein (2. Mose 1+2). Auch die in der Regel verschwiegene Fortsetzung der Weihnachtsgeschichte, die Flucht nach Ägypten (Matthäus 2,13–23), spricht ähnliche Erfahrungen an. Und schließlich ist das Bild der Jünger im Schiff, die im Sturm vor Angst schreien und dann doch Bewahrung und «große Stille» erleben (Markus 4,35–41), eine Geschichte des Vertrauens, die Kinder miteinbeziehen kann.

Erikson schreibt: «Selbst unter günstigsten Umständen scheint diese Phase ein Gefühl innerer Spannung und eine allumfassende Sehnsucht nach einem verlorenen Paradies in das Seelenleben einzuführen ... Gegen diese machtvolle Kombination des Gefühls, beraubt zu sein, gespalten zu sein und verlassen zu sein, muß sich das Urvertrauen ein ganzes Leben lang aufrechterhalten... Das aus der liebenden Fürsorge erwachsene Vertrauen ist tatsächlich der Prüfstein der Aktualität jeder Religion.» (S. 244)

Zweite Phase: Autonomie gegen Scham und Zweifel

Wenn das Kind Eigenständigkeit gelernt hat, sich frei im Raum bewegen, selbst an die gewünschten Dinge herankommen kann, entsteht ein neuer Konflikt. Einerseits erkennt das Kind nun ziemlich realistisch, daß es klein ist. Es spürt, daß es von oben und von allen Seiten angeschaut wird, es schämt sich. Das hat noch nichts mit Schuldgefühlen zu tun, es ist Unsicherheit und Befangenheit – es möchte unsichtbar sein, nicht beobachtet werden. Andererseits wird dem Kind die eigene Rückseite bewußt, die es nicht sehen und kontrollieren kann. Plötzlich wird den Erwachsenen wichtig, daß das Kind seine Körperfunktionen beherrschen lernt, daß es «sauber» wird. Zugleich werden diese Ausscheidungen als etwas Schlechtes bezeichnet. Das «Urgefühl des Zweifels an dem, was man hinter sich gelassen hat» (Erikson) entsteht. Autonomie, das Gefühl der Herrschaft über sich selbst, muß sich durchsetzen gegen Scham und Zweifel. Wie spiegelt sich dieser Konflikt in den Bildern, die Kinder von Gott malen?

Thomas, der im ersten Bild sein Vertrauen dargestellt hat, zeigt hier, was sich für ihn verändert hat. Er hat sich selber mehr Raum genommen, ist stabiler geworden, greift mit beiden Armen aus. Immer noch ist Gott der freundlich lächelnde Große über ihm, aber die Jesusfigur fehlt. Thomas hat sich in seinem Streben nach Autonomie nach rechts hin Platz geschaffen. Die große Hand Gottes über ihm könnte bedrohlich sein, ihn kleinhalten wollen.

Die auffallendste Veränderung hat Thomas selbst benannt: «Gott muß doch eine Brille haben, er muß doch alles sehen.» Sicher hat Thomas zu hören bekommen «der liebe Gott sieht alles». Mit diesem Standardsatz früherer Pädagogik wurde Gott zum Komplizen der Erwachsenen. Es war ja häufig nicht der anerkennende und liebende Blick gemeint, sondern die umfassende Kontrolle und Mißbilligung, die auch dann noch wirkte, wenn das Kind, endlich einmal allein, sich unbeobachtet glaubte. «Gott ist ein mächtiger Mann mit Löchern in den Augenlidern: Er kann Dich sehen, wo Du auch bist. Für das Kind heißt das oft: Er kann auch sehen, was unter der Bettdecke geschieht» (A.S. Neill, «Theorie und Praxis der antiautoritären Erziehung», Reinbek 1969, S. 230). Autonomie, Eigenwille, Eigensinn galt gerade in der christlichen Erziehung als das Böse schlechthin, gegen sie mußte mit allen Mitteln Gehorsam erzwungen werden. Zugegeben, die Autonomiebestrebungen der Kinder sind anstrengend. Kein Wunder, daß Eltern und Erzieher nach mächtigen Verbündeten dagegen Ausschau halten. Aber wer Gott dazu benutzt, Kinder zu beschämen, wer ihnen in seinem Namen verwehrt, den notwendigen nächsten Entwicklungsschritt zu tun, der wird lebenslangen Haß gegen diesen Gott bewirken und/oder angepaßte Untertanen erziehen, die nicht in der Lage sind, selbständige Entscheidungen zu treffen.

Thomas gibt seinem Gott keine «Löcher in den Augenlidern», sondern nur eine Brille, die er wohl auch einmal zur Seite legen kann. Es ist zu hoffen, daß seine positiven frühen Erfahrungen

Bild von Thomas: «Gott muß doch eine Brille haben...»

Bild von Oliver: «Gott hat viele Augen, daß er alles sehen kann. Flügel hat er, um nach Südafrika oder Holland fliegen zu können»

ihm helfen, Gott nicht als argwöhnischen Beobachter, sondern als ermutigenden Begleiter zu glauben. Es gibt Lieder, die ihm dabei helfen könnten, zum Beispiel: «Wenn einer sagt: ‹Ich mag dich, du, ich find' dich ehrlich gut›, dann krieg ich eine Gänsehaut und auch ein bißchen Mut.»

Olivers Bild (s. oben) zeigt Standfestigkeit und Dynamik. Der Körper wird in kräftigen Rot-Grün-Orange-Tönen gemalt. Auch hier wird mit beiden Händen ausgelangt nach dem Leben. Anders als Thomas hat Oliver schon die Füße entdeckt, aber sie schweben noch über dem Nichts. Oliver pendelt zwischen verschiedenen Welten: Sein Vater ist griechischer Student, die deutsche Mutter berufstätig, tagsüber ist er in der Kindertagesstätte oder bei der Urgroßmutter. Er stellt Gott allein dar. Eine Beziehung steht für ihn wohl nicht im Mittelpunkt seiner Erfahrungen.

Auch ihn beschäftigt das Problem des Gottes, der alles sieht. Er löst es anders als Thomas, er schreibt Gott viele Augen zu und versieht ihn mit Flügeln. Südafrika und Holland zeigen seine Weltkenntnis (aus Fernseh- und Urlaubserfahrung?) und stehen für «überall». Offenbar haben unterschiedliche Meinungen Oliver zu eigenem Nachdenken verholfen: In der Kindertagesstätte und bei der Urgroßmutter hat er von Gott erzählt bekommen, sein Vater lehnt religiöse Erziehung als unrealistisch ab.

War in den ersten Bildern Gott eher mit der Beziehungs- und Gefühlsebene verbunden, so wird in diesen deutlich, daß Kinder schon sehr früh Gott nach-denken. Distanzierte Überlegungen, philosophisches Fragen und der Versuch, irgendwo gehörte Begriffe wie Allgegenwart und Allwissenheit Gottes konkret vorstellbar zu machen, sind schon Vierjährigen möglich.

Gott ist auch eine «sprachliche Entdeckung» (Karl Ernst Nipkow, «Erwachsenwerden ohne Gott», München 1987). Das unermüdliche Fragen: «Wo ist Gott? Wie sieht er aus? Hat er auch eine Frau?» verlangt weniger nach präzisen Antworten (wer wüßte die schon?) als nach gemeinsamem Nachdenken, Zurückfragen, Erzählen. Da können dann auch krause, absonderliche Vorstellungen geäußert werden, wenn die Erwachsenen nicht vorschnell mit ihrem Glaubensbekenntnis die Kinder eindecken, aber sich auch nicht auf pures Spiegeln der Kinderfragen zurückziehen. Wenn Kinder spüren, daß sie ernst genommen werden und daß die Erwachsenen mit ihnen zusammen auf dem Weg sind, dann können sie auch im Bereich des Glaubens lernen, auf eigenen Füßen zu stehen.

Dritte Phase: Initiative gegen Schuldgefühl

Ist in der zweiten Phase ansatzweise Autonomie gefunden worden, so beginnt die dritte mit einer Krise, die alles wieder in Frage zu stellen scheint. Der Junge, der die Mutter für sich haben will, das Mädchen, das den Vater eifersüchtig liebt – sie müssen erkennen, daß sie im Kampf mit dem gleichgeschlechtlichen Elternteil den kürzeren ziehen. In ihrer Phantasie sind sie allmächtig – und erleben die Realität um so bedrückender. Die aggressiven Wünsche überschwemmen sie – und erzeugen Schuldgefühle. Erst wenn es gelingt, die Stimme des geliebt/gehaßten Rivalen in sich selbst anzusiedeln, sich mit ihm oder ihr zu identifizieren, kann neue Stabilität gefunden werden. Wenn die Kinder diese Übereinstimmung mit sich selbst gefunden haben, ist in der Regel die Zeit für den Kindergarten gekommen. Jetzt können sie mit Eifer und Lust darangehen, ihre Initiativen zu verwirklichen, mit anderen zusammen zu spielen und Neues zu entdecken.

Uwes Gott entfaltet ein ganzes Bündel von Initiativen. Seine phallische Form zeigt, daß hier ein Junge malt, der sein Geschlecht erkannt hat. Um den Kopf sprühen goldgelbe Strahlen, das Gesicht hat durch die verschiedenfarbigen sieben Augen und die drei «Munde» kaum noch etwas menschliches, die Flügel sind lila, blau und gelb, im dunklen Blau des Oberkörpers leuchtet ein orange-gelbes Viereck, die Beine werden von einem lila Tuch überdeckt, wie Antennen sind die braunen Arme ausgefahren. Seine Allmachtsphantasien hat Uwe auf Gott übertragen: Er kann alles. Aber gleichzeitig hat dieser Gott Anteil an Uwes Kleinsein. Seine drei «Munde» braucht er, um zu essen, damit er «groß und stark» wird. «Er ist noch jung» – deutlicher kann man kaum das Vorurteil widerlegen, Kinder stellten sich Gott immer als den alten Mann mit Bart vor.

Uwes Gott hat Anteil an der Ambivalenzerfahrung des Kindes; vieles von dem, was es sich vornimmt, kann es verwirklichen, aber immer wieder stößt es auch auf unüberwindliche Grenzen. Bei manchen Wünschen spürt es, daß sie «böse» sind. Uwes Gott sieht zu, «daß die Leute nichts Böses machen» – er straft nicht, sondern drückt die Hoffnung aus, daß es Bewahrung vor dem Bösen gibt.

Uwe projiziert seine Allmachtswünsche und seine Ohnmachtserfahrungen an den Himmel. Er macht Gott zugleich zu einer Instanz, die über Gut und Böse entscheidet. Gott schützt vor grenzenloser Überschätzung der eigenen Kräfte und ermöglicht da-

Bild von Uwe: «Gott hat sechs Flügel, daß er besser auf den Boden fliegen kann, wenn jemand beerdigt wird. Er hat sieben Augen, daß er besser sehen kann, daß die Leute nichts Böses machen. Er hat drei Munde, daß er besser essen kann, weil er noch so klein ist, er ist noch jung. Er hat vier Beine, daß er schnell auf der Erde laufen kann.»

Bild von Alexandra: «Gott lacht gerade über eine Schnecke, weil sie einen Mann vollgespritzt hat.»

durch Lust am Handeln und Entdecken. Weil Uwe klein ist, darf er wachsen. Weil er nicht allein die Kontrolle über das Böse haben muß, darf er sich ausprobieren, Richtiges und Falsches tun. Seine Initiative kann stärker werden als seine Schuldgefühle.

Was diese Kindererfahrung und solch ein Gottesbild für die Gewissenserziehung bedeuten, wird im 14. Kapitel «Gewissen ist mehr als Wissen» näher ausgeführt.

Ein Mädchenbild mit einer kuriosen Geschichte stammt von Alexandra (s. oben). Breit lächelnd steht Gott da und schaut zu – der Vorgang selbst wird nicht dargestellt. Was kann er bedeuten? Kleine Mädchen bezeichnen häufig ihre Scheide als Schnecke. Alexandra ist hier also anscheinend, ebenso wie Uwe, mit ihrer neuentdeckten Geschlechtlichkeit beschäftigt. Vermutlich geht es ihr um die Auseinandersetzung mit ihrem Vater. Es ist schon phantastisch, daß die kleine, langsame Schnecke einen Mann vollspritzt. Aber noch unwahrscheinlicher ist, daß die kleine Alexandra ihren Vater hereinlegen kann, ohne daß ein Strafgericht der «Männerkoalition» Gott-Vater erfolgt.

Alexandras Gott ist beteiligt an ihrem Versuch, die Welt zu erobern. Er ist auf ihrer Seite – und er versteht Spaß. Wir können von ihr lernen, Gott nicht immer als den heilig fernen, allenfalls Mitleidenden zu sehen, sondern ihn auch an unseren Erfolgen, unserem Spaß, unserer Lust beteiligt zu glauben. Ein lachender Gott kommt in unserer christlichen Tradition kaum vor. Kinder finden ihn in ihrer Phantasie – und «ihrer ist das Himmelreich». Sie können uns verlocken, neu und anders von Gott zu reden.

Dazu gehört, daß wir Gott nicht nur nach dem Muster von Männer-Erfahrungen darstellen und ihn nicht nur auf männliche Bilder festlegen. Mädchen brauchen Geschichten von Frauen – und es gibt in der Bibel viel mehr, als nach den kirchenamtlichen Lesungen anzunehmen wäre. Sie brauchen aber auch die Gewißheit, daß sie Teil des Ebenbildes Gottes sind und daß Gott deshalb auch Mutter, Freundin, Schwester genannt werden kann.

Wenn in dieser Phase Gott als Gewissensfrage erlebt wird, dann sollte neben dem Gott, der aufpaßt, daß «die Leute nichts Böses machen», auch der Gott stehen dürfen, der über unsere phantasievollen Initiativen verständnisvoll lacht.

Vierte Phase: Leistung und Werksinn gegen Minderwertigkeitsgefühl

Gegen Ende der Kindergartenzeit drängt das Kind selbst auf größere Anforderungen. Es will nicht nur Initiative entwickeln, es will etwas «Richtiges» tun. Die starken Gefühlsschwankungen kommen für einige Jahre etwas zur Ruhe, es bleibt Konzentration und Kraft für Lernen und Leisten. Die Bedrohung dieser Phase kommt aus dem Vergleich mit den anderen: Kann es nicht mithalten, wird es nicht akzeptiert, dann kann ein tiefes Gefühl von Versagen und Unzulänglichkeit entstehen. (Siehe dazu auch das 11. Kapitel «Neugier und Angst».)

Bild von Jens: «Gott ist gerade im Paradies»

Im Bild von Jens ist zum ersten Mal das Zeichenblatt voll ausgenutzt, das Bild überlegt durchgearbeitet. Jens malt Himmel und Erde, stellt seine Figur mit festen Beinen und großen Füßen auf den Boden, läßt Palmen wachsen – schließlich ist hier ja das Paradies dargestellt – und versieht seinen Gott mit vielen Attributen: «Er ist ein besonderer Mensch». Die Farben der Sonne wiederholen sich im Gewand, in der Nase und im Heiligenschein (den Jens «Leuchtkringel» nennt).

Schon in der Gestaltung des Bildes beweist Jens Werksinn. Wo er an die Grenzen seiner Fähigkeiten kommt, findet er Auswege. Er sagt «Gott hat weiße Hände, die kann man auf dem Papier aber nicht sehen» – und deshalb malt er sie kurzerhand lila. Vielleicht steckt in dieser Aussage der Versuch, die Unsichtbarkeit Gottes nachzuvollziehen. Aber Jenseitiges beschäftigt ihn nicht zu sehr, sein Gott ist sehr irdisch. Die Hände braucht er zum Zuschnüren seiner Schuhe – eine Fähigkeit, auf die Jens selber wohl stolz ist. Und auch das zähnebleckende Lachen Gottes, das ihn ja nicht gerade freundlich aussehen läßt, ist vermutlich mit den eigenen Erfahrungen von Jens zu erklären: Die neu erworbenen zweiten Zähne sind Zeichen des Groß-Seins, man kann mit Stolz «die Zähne zeigen».

Dieser Gott muß nicht mehr mit seiner Allmacht protzen. Er kann seine Flügel «wegklappen» und sich mit Laufen begnügen. So wie für Jens Alleinsein nicht gut ist, so ist Gott in seinem Paradies nicht allein: Bäume leisten ihm Gesellschaft. Der Zauber dieses Bildes liegt in der Mischung von sprühender Phantasie und nüchternem Realismus. Dieser Gott kann Jens durch die Schulzeit begleiten, er wird in der Lage sein, sich zu verändern.

Die hier vorgelegten Bilder sind von vier- bis sechsjährigen Kindern aus christlichem Umkreis gemalt worden. Eine wichtige Weiterführung, Ergänzung und Vertiefung kann das Buch von Robert Coles sein: «Wird Gott naß, wenn es regnet?» Die religiöse Bilderwelt der Kinder, Hamburg 1992. Hier kommen Acht- bis Zwölfjährige aus Amerika, Nordafrika, Israel und Europa zu Wort, sie kommen aus christlichen, jüdischen, muslimischen oder nichtreligiösen Familien. Anders als bei den jüngeren Kindern stehen hier die Gespräche im Vordergrund, aber auch die Bilder dieser Acht- bis Zwölfjährigen zeigen die Weiterentwicklung auf ein «erwachsenes» Gottesbild hin.

Kriterien für die Auswahl von Kinderbibeln

Für Kinder bis zu sieben oder acht Jahren
sind einzelne, in sich geschlossene biblische Geschichten am sinnvollsten, z.B. Einzelausgaben aus der Reihe «Was uns die Bibel erzählt» von Kes de Kort (Deutsche Bibelgesellschaft, Stuttgart).

Die Bilder von Bibelausgaben für jüngere Kinder sollten deutlich und klar sein. Die Sprache muß einfach sein – also keine Schachtelsätze, keine langen Erklärungen, sondern anschauliche Erzählungen.

Das Kind sollte Text und Bilder verstehen können, das heißt aber nicht, daß die Geschichten verkindlicht werden sollen; zu harmlose, zu glatte Darstellungen sind zwar schnell zu konsumieren, verdecken aber die Bedeutung biblischer Texte, die ja ursprünglich alle nicht für Kinder geschrieben worden sind. Wenige Bücher, immer wieder betrachtet, sind besser als ein Überangebot, bei dem zwangsläufig auf Geschichten zurückgegriffen werden muß, die für Kinder dieses Alters noch nicht geeignet sind.

Die Aussagen von Bild und Text müssen in den Hauptlinien dem entsprechen, was die Eltern für sich und das Kind vertreten können.

Für Kinder von acht bis zwölf Jahren
sind Bilderbibeln im eigentlichen Sinn geeignet, vgl. z.B. Werner Laubi (Text) und Annegret Fuchshuber (Illustration): Kinderbibel, Lahr: Kaufmann 1992.

Für dieses Alter können die Bilder differenzierter sein, sie sollen nicht nur den Text illustrieren, sondern zum Nachdenken anregen und die Geschichten deuten bzw. notwendige Sacherklärungen beisteuern.

Die Sprache muß anschaulich bleiben, die Distanz zwischen heutiger und biblischer Welt sollte nicht eingeebnet werden. Kinder können gerade auch von der Fremdartigkeit angezogen werden, wenn darin von Themen erzählt wird, die sie selbst erleben.

Vorlesebücher verbinden die biblischen Geschichten mit Rahmenhandlungen, die zum Verstehen helfen und zum Nachdenken anregen;

z.B. Heinrich Strube: Geschichten des Alten Testaments für Kinder erzählt, Düsseldorf: Patmos 1986.

ders.: Geschichten des Neuen Testaments für Kinder erzählt, Düsseldorf: Patmos 1988.

Bei diesen Bearbeitungen spielt die Deutung des Autors eine größere Rolle, es ist also mehr darauf zu achten, ob sie mit den Vorstellungen der Erwachsenen im wesentlichen übereinstimmt.

Die Bilder werden in diesen Büchern unwichtiger. Die Bücher eignen sich auch zum selbständigen Lesen für Kinder.

(Heidi Mühle)

Was man alles mit Gott machen kann

Man kann Gott verantwortlich machen für Hunger und Elend.

Man kann Gott leugnen, weil er sich nicht sehen läßt und Unglück nicht verhindert.

Man kann Gott mieten zu besonderen Anlässen: Er dient der Feierlichkeit und fördert den Umsatz.

Man kann Gott nur für sich haben wollen und anderen – besonders Andersdenkenden – Gott absprechen.

Man kann Gott für die eigene Macht gebrauchen, indem man sagt, alle Autorität komme von Gott.

Man kann im Namen Gottes Kriege führen, Menschen verdammen und töten und sagen, das sei Gottes Wille.

Man kann mit dem Ruf «Gott will es!» Angriffe als «Kreuzzüge» tarnen und auf Soldatenuniformen «Gott mit uns» schreiben.

Das alles aber ist gott-los. Man kann mit Gott nichts «machen», weder ihn gebrauchen noch ausnutzen, denn Gott ist Liebe, und daran hat nur Anteil, wer diese Liebe in sich selbst groß werden läßt.

(Hubertus Halbfas: Der Sprung in den Brunnen, Düsseldorf: Patmos 1990)

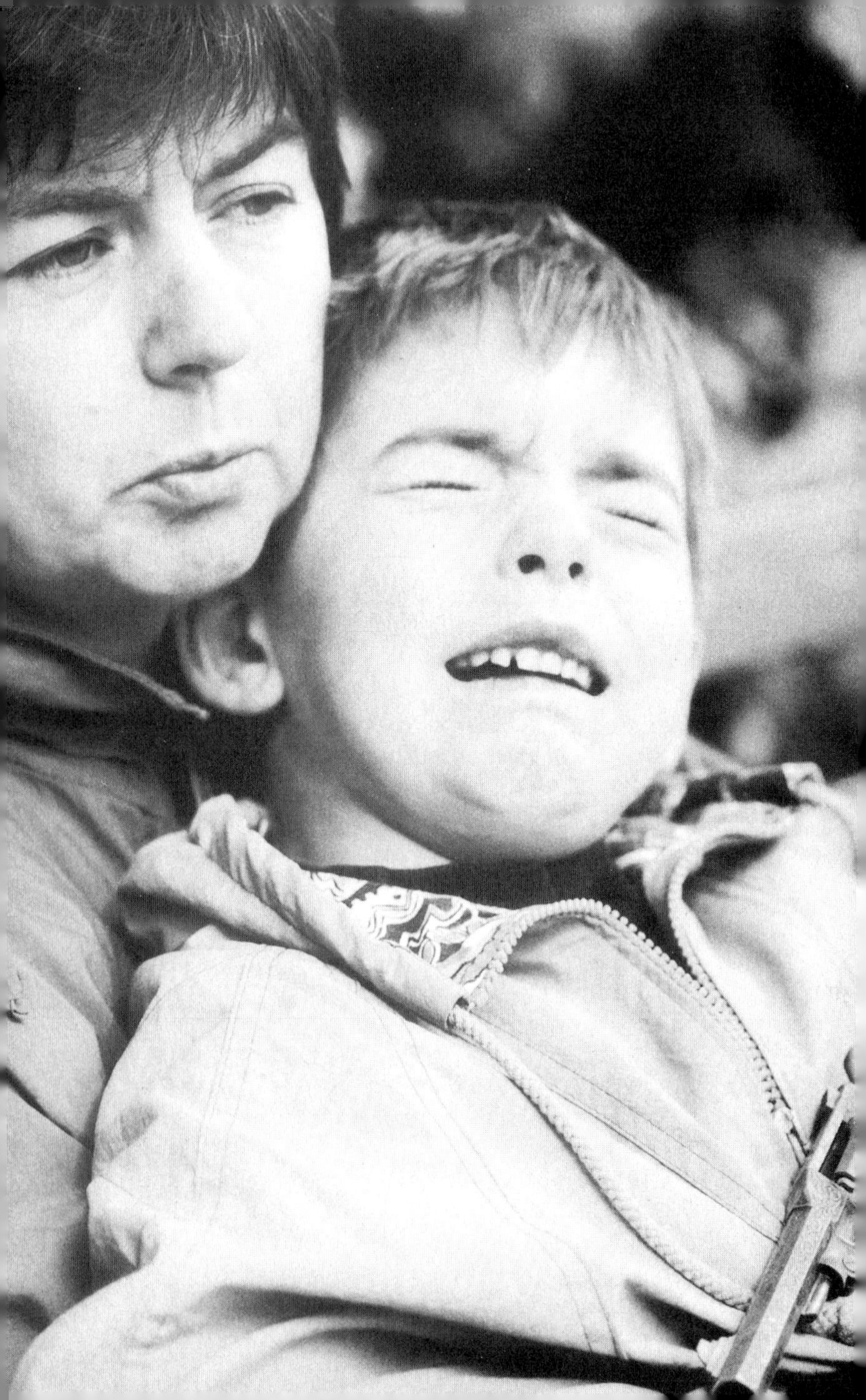

3. Der liebe Gott und das Böse in der Welt

Kinderfragen und aufschließende Antworten

«Das Kind fragt mir noch ein Loch in den Bauch!» – Welche Eltern hätten nicht schon so oder ähnlich auf die unersättliche Fragelust ihrer Kinder reagiert. Und meist drückt sich in dieser Aussage verständlicherweise eine Mischung aus Stolz und Streß aus.

Stolz, denn in der Fragelust von Kindern drückt sich eine wache, ungebrochene Lernbereitschaft aus, und so spiegelt sich in den Fragen eines Kindes auch, wie sehr es in seiner Entwicklung gefördert wurde. Aber auch Streß, denn die Fragen der Kinder können auf mehr als eine Weise bis über die Schmerzgrenze gehen:

– «Wie wird der Zucker süß?» – «Wie kommt denn auf den Bildschirm, was du auf die Tasten schreibst?»
– «Wann hat denn die Elisabeth gelebt, nach der unsere Kirche heißt?» ... Kinderfragen machen uns öfter, als uns lieb ist, auf die Grenzen unseres Wissens aufmerksam.
– «Mama, freust du dich sehr, daß Tante Hertha

kommt?» – «Papa, bist du sauer auf die Mama?» – «Betest du auch vor dem Einschlafen?» Kinder fragen offen und direkt, verletzen Anstands- und Tabugrenzen, stellen unsere Ehrlichkeit und Glaubwürdigkeit auf die Probe.
– «Warum heißt die Maus Maus und der Elefant Elefant und nicht umgekehrt?» – «Warum sind die Menschen böse, wenn sie doch gut sein sollen?» – «Wenn Gott die Welt gemacht hat, wer hat dann den Gott gemacht?» Kinder stellen philosophische Fragen nach Sinn, Zusammenhängen und Hintergründen, auf die es keine eindeutigen und beweisbaren Antworten gibt.
– «Warum verhungern Kinder in Somalia?» – «Warum ist die Claudia behindert?» – «Warum mußte der Jesus sterben, obwohl er doch so lieb war?» Kinder fragen nach dem Widerspruch zwischen dem Bild, das sie sich von Gott und der Welt machen, und der Wirklichkeit, deren ungerechte und ungereimte Seiten sie zunehmend deutlicher wahrnehmen. Und diese Fragen stehen vor uns Eltern doch auch als ungelöste Rätsel. Wie können wir mit unseren Kindern aushalten, daß es bedrückende Rätsel im Leben gibt?
– «Muß ich auch sterben, wenn der Reaktor in Biblis kaputtgeht?» – «Warum tut ihr denn nichts, wenn das Ozonloch immer größer wird?» Kinder zeigen in ihren Fragen elementare Gefühle, decken dunkle Flecken unserer Inkonsequenz auf, rühren an das, was wir ihnen schuldig bleiben. Sie fragen nach mehr, als sich mit einer verbalen Erklärung geben ließe, sie fragen nach uns selbst.

Erkennbar religiöse Motive gibt es in all den verschiedenen Arten von Fragen. Auf einige wenige soll beispielhaft noch ausführlicher eingegangen werden. Vorher aber noch ein paar grundsätzlichere Überlegungen zum Umgang mit Kinderfragen.

Verschiedene Fragen – verschiedene Antworten

Ein Teil des Stresses, den uns Kinderfragen machen, kommt wohl daher, daß wir meinen, wir müßten alle Fragen möglichst umgehend durch eine plausible Antwort erledigen. Längst nicht immer ist aber eine abschließende Antwort die angemessene Reaktion auf eine aufschlußreiche Frage.

Sicher, Kinder sind – zu Zeiten besonders – Realisten und sie wollen *auf konkrete Fragen überprüfbare Informationen.* Oft wissen wir sie nicht. Wenn wir den Anspruch der Allwissenheit nicht haben, dann können wir – wenigstens ab und zu – mit den Kindern gemeinsam die Antworten suchen: in Lexika, bei Fachleuten, durch eigenes Nachforschen. Tobias ist ganz stolz, weil er weiß, daß ein Stegosauros exakt acht Meter lang ist, denn das hat er im Naturkundemuseum mit seiner Mutter eigenhändig nachgemessen.

Auch für religiöse Informationsfragen gibt es Fachleute und Lexika. Wir empfehlen Ihnen für einen Überblick über mehrere Weltreligionen:

Antoinette Becker/Elisabeth Niggemeyer (Hg.): Meine Religion – deine Religion, Ravensburg 1982.

Philosophische Fragen nach Sinn und Hintergründen verlangen eine andere Antwort als Sachfragen. Hier geht es darum, gemeinsam mit den Kindern einen Weg des Nachdenkens zu gehen, diesen Weg nicht mit einer vorschnellen Antwort zu blockieren. In solchen Fragen steckt schon ein Wissen oder eine Ahnung, sie könnten sonst nicht gestellt werden. Es lohnt, Kinder zurückzufragen: «Was meinst du denn? Wie stellst du dir das vor?» Dabei kommen oft überraschende Erkenntnisse zutage, an denen sich dann gemeinsam weiterdenken läßt, ein Weg des Nach-Denkens, auf dem Kinder und Erwachsene überraschende Teilantworten finden.

Es sind in jüngster Zeit mehrere Bücher erschienen, die zum Philosophieren mit Kindern einladen und anleiten. Besonders empfehlenswert: Zoller, Eva: Die kleinen Philosophen. Vom Umgang mit (schwierigen) Kinderfragen, Orell-Füssli: Zürich 1991; Freese, Hans-Ludwig: Kinder sind Philosophen, Beltz-Quadriga: Weinheim 1989.

Anders sind *Fragen, in denen sich elementare Betroffenheit ausdrückt,* Fragen, die nicht in neugieriger Wißbegierde gestellt sind, sondern aus unmittelbaren Erfahrungen: Fragen, in denen es um die Glaubwürdigkeit und Verläßlichkeit von uns Eltern geht, Fragen, in denen sich Angst oder Sehnsucht, Trauer oder Wut ausdrücken, Fragen, die nach Erfahrungen und nicht nach Theorien suchen, nach Nähe und nicht nach Logik, nach Begleitung und nicht nach Urteilen. Hier kann die entscheidende Antwort oft nicht nur in Sätzen gegeben werden, sondern will im eigenen Alltag vorgelebt werden.

Wenn das Kind etwa nach der Gefahr durch Atomkraftwerke fragt, so ist die Frage ja sachlich berechtigt und eine beschwichtigende Antwort unangebracht, weil unehrlich. Sie ließe die Kinder in der Angst allein, aus der heraus sie fragen, Beschwichtigungen und Ablenkungen enttäuschen das Vertrauen, das in der Frage steckt. Geholfen ist Kindern, wenn sie ihre Ängste ausdrücken dürfen, wenn sie dafür Verständnis finden, und vor allem, wenn sie auf Erwachsene treffen, die gegen alle berechtigte Angst mit einer tragfähigen Hoffnung anleben. «Ja, das wäre eine tödliche Gefahr. Aber in dem Werk passen viele Leute auf, daß keine Katastrophe passiert. Und, du weißt ja, wir und viele andere drängen darauf, daß wir keine Atomkraftwerke mehr brauchen. Darum machen wir in der Initiative mit, darum sparen wir Strom, und da kannst du auch mithelfen. Und ich glaube ganz fest, daß wir verhindern können, daß so was Schreckliches passiert.» Eine so gesagte und gelebte Antwort ist wohl die beste Hilfe, die wir unseren Kindern geben können.

Testfragen und des Pudels Kern

So wichtig es ist, diese unterschiedlichen Arten von Fragen auseinanderzuhalten, nicht immer ist einer Frage beim ersten Hören anzumerken, wonach eigentlich gefragt ist. Kinder «testen» uns Erwachsene, stellen zunächst eine unverfängliche Eingangsfrage, um erst langsam zum Kern ihres Interesses zu kommen, um herauszufinden, ob sie uns ihre Frage – und in ihr ja etwas von sich selbst – anvertrauen können.

«Wie tief ist eigentlich so ein Grab, in das ein Sarg kommt?»

fragt Anne, deren Großvater vor einigen Wochen beerdigt wurde. Die korrekte Antwort «So etwa zwei Meter» gibt Anne das Gefühl, daß sie ernst genommen, nicht abgewimmelt wird. Aber eigentlich wollte sie ja etwas anderes wissen. Eine Rückfrage führt weiter: «Du warst ja bei der Beerdigung von deinem Opa dabei, hast du in das Grab geschaut?» Die Rückfrage öffnet ihre Bereitschaft, über das schwierige Thema zu reden: Ja, die Eltern hatten sie reinschauen lassen, und es kam ihr schrecklich tief vor. Ob sie sich Sorgen macht, daß es dem Opa weh tut? Nachfragen ergeben, nein, sie weiß, daß er nicht mehr leiden muß, von heftigen Schmerzen hat ihn der Tod befreit. Aber die Oma hat ihr gesagt, daß der Opa sie sehen kann und daß sie auch zu ihm sprechen kann. Das hat sie getröstet. Der Blick in das Grab aber hat sie daran zweifeln lassen. So tief aus der Erde heraus kann er doch nichts sehen, so tief unten kann er doch nichts hören.

Sollen nun spekulative Erörterungen über die Unsterblichkeit der Seele, das Sehen und Hören Verstorbener, die Lokalisierung des Himmels kommen? «Also Anne, ich weiß das auch nicht, wie dein Opa dich sehen und hören kann. Aber wir können ja dem lieben Gott sagen, daß er dem Opa sagen soll, daß du an ihn denkst und daß du ihn noch sehr lieb hast.» Das tun wir denn auch. Und Anne, die aus einem christlich geprägten Haus stammt, geht erleichtert weiter.

In jeder Kinderfrage steckt ein Vertrauensvorschuß. Antworten sollten so sein, daß sie unseren Vertrauenskredit bei den Kindern mehren, eine gute Antwort ist die, die dem Kind weiterhilft. An seiner Situation muß sie sich zuerst orientieren, danach erst an abstrakten Kriterien von richtig und falsch. Solange die Kinder uns weiterfragen, vielleicht zunehmend tiefer und offener fragen, so lange waren die Antworten hilfreich, auch wenn wir nicht fachlich kompetent geantwortet haben.

Kinder fragen nicht nur mit Worten

Nicht alle Kinder können in so klaren Worten Fragen stellen, wie die hier genannten Fragen gestellt sind. Kinder fragen oft auch stumm, mit Blicken, mit ihrem Verhalten, und sie brauchen unsere Hilfe, daß aus den Signalen eine Frage wird. Es ist wohl schon ein Gewinn, wenn eine Frage in Worte gefaßt ist. Damit wächst ein Stück Distanz zu dem Problem, die Möglichkeit, daran zu arbeiten.

Christine ist umgezogen. Im neuen Kindergarten nimmt sie wochenlang mit keinem der Kinder Kontakt auf. Was sagt ihr Schweigen?

Manuel bringt im Spiel seit geraumer Zeit immerzu Menschen um. Jeder Gegenstand ist ihm gerade gut genug, Pistole oder Kanone zu sein. Wonach fragt er in seinen endlosen Phantasien von Macht und Siegen?

Kinder stellen nicht nur Fragen, immer wieder neu sind sie in ihrem Verhalten eine Frage. Wir brauchen ihr Vertrauen, damit sie uns helfen, sie zu verstehen. Gerade deshalb dürfen wir das Vertrauen nicht mißbrauchen, das in ihren Fragen steckt: nicht mißbrauchen mit Abwimmeln oder gar Lächerlichmachen der Frage; nicht mißbrauchen mit falschen Antworten; nicht mißbrauchen mit unehrlichen Antworten; nicht mißbrauchen mit Antworten, die am Wissensstand und am Gefühl der Kinder vorbeigehen, wie richtig sie auch sein mögen. Zwischen Überforderung und Unterschätzung mit den Kindern gemeinsam einen Weg des Fragens zu begehen in gegenseitigem Vertrauen und gegenseitiger Offenheit, das ist auch in der religiösen Erziehung wichtiger als alle fachtheologische Kompetenz. Informationen fachlicher Art können ja gegebenenfalls eingeholt werden.

In Familienbildungsstätten und (zumindest den kirchlichen) Kindertagesstätten werden auf Wünsche von Eltern hin gerne Veranstaltungen angeboten, in denen Eltern Erfahrungen austauschen, religionspädagogische Fragen stellen und Informationen einholen können.

Hier soll beispielhaft der Umgang mit zwei «Gretchenfragen» der Religionspädagogik betrachtet sein: Gibt es Gott? Und: Wenn es ihn gibt, warum gibt es so viel Böses auf der Welt?

«Gibt es einen Gott?»

Irgendwann kommt diese Frage. Es sei dahingestellt, ob sie im Menschen liegt oder ob unsere Kultur sie mit Kirchtürmen und anderen unübersehbaren religiösen Symbolen auslöst. Offenkundig ist, daß diese Frage weder mit «Ja» noch mit «Nein» hinreichend beantwortet ist. «Manche Menschen glauben an Gott, manche Menschen glauben nicht an Gott.» Diese Antwort ist nicht nur richtig, sie hält auch das Gespräch für weitere Fragen offen.

«Warum glauben manche nicht an Gott?»

«Es gibt verschiedene Gründe. Man kann Gott nicht sehen. Und manche Menschen halten nur für wirklich, was sie sehen können.»

«Ich auch.» Offenkundig hat diese Antwort eine Überlegung getroffen, die der vierjährige Andreas auch schon angestellt hat. Die Eltern, die sieht er, also klar, die gibt es. Die Oma hat er schon gesehen, also weiß er, daß es sie gibt, auch wenn sie jetzt gerade nicht sichtbar ist. Aber Gott? «Kannst du dich an den Schnee erinnern, der vor einigen Wochen lag? Als wir morgens die Haustür aufmachten, da sahen wir keinen Menschen vor der Tür, aber Fußspuren. Da sie von der Straße zum Briefkasten führten, waren sie wahrscheinlich von der Frau, die die Zeitung austrägt. An den Spuren haben wir gesehen, daß jemand dagewesen ist, den wir nicht gesehen haben.»

«Hat Gott auch Spuren hinterlassen?» – «Siehst du, auch darüber denken Menschen verschieden. Manche sagen: ‹Ich sehe keine Spur Gottes. Ich kann mir alles, was ich sehe, auch anders erklären.› Und andere sagen: ‹Es ist doch ein Wunder, daß in unserem Garten jetzt die Blumen wieder aufblühen. Es ist doch ein Wunder, wie sich Sonnenlicht in dem Netz bricht, das die Spinne zwischen den Zweigen gewoben hat. Es ist doch ein Wunder, daß der große Apfelbaum aus einem Kern gewachsen ist. Es ist doch ein noch viel größeres Wunder, daß es dich gibt, daß du immer größer wirst, und du lachen und weinen kannst.›»

«Und was glaubst du? Glaubst du, daß das Gottes Spuren sind?»

«Ja, meistens ja. Manchmal vergesse ich es, manchmal zweifle ich daran. Dann helfen mir die Geschichten von Jesus. Für mich ist er die deutlichste Spur, die Gott auf der Welt hinterlassen hat...»

Ausgangspunkt dieses – hier verkürzt wiedergegebenen – Gesprächs war der Kommentar eines Kindes in Andreas' Kindergartengruppe: «Gott, ach was, den gibt's doch gar nicht.» Und dieser Einwand gegen seinen Hinweis auf Gott hat Andreas mächtig beschäftigt. Nach den berichteten Gesprächen kam er noch ein paarmal auf das Thema «Spuren» zurück, nicht nur im Blick auf Gott. Daß es auch von den Dinosauriern Spuren gibt, die doch schon so lange tot sind, hat ihm ebenfalls zu denken gegeben.

«Erledigt» konnte die Frage nach Gott damit nicht sein. Zu viel bleibt ja offen bei diesem Hinweis auf das Symbol «Spuren». Und zwei Jahre später läßt sich der Konflikt zwischen seinem ausgeprägten Realitätssinn und der Gottesfrage so nicht mehr schlichten. Andreas hat sich inzwischen mit Weltraumfahrt und anderen naturwissenschaftlichen Fragen befaßt. Nun will er wissen, wo denn der Gott sein soll, wenn er nicht sichtbar hier ist. Er spekuliert über einen Himmel hinter fernen Milchstraßen, Gott droht, zum gehobenen Weltraumfahrer zu werden und so verloren zu gehen.

«Wo ist Gott?» – Ich erzähle ihm eine Antwort, die schon die alten Rabbiner gegeben haben: Ein vorwitziges Kind ging zu einem Rabbiner und sagte zu ihm: «Ich gebe dir von meinem Taschengeld 10 Mark, wenn du mir sagst, wo Gott wohnt.» Der weise Rabbi antwortete: «Und ich gebe dir 20 Mark, wenn du mir sagst, wo Gott nicht wohnt.»

Gibt es Unsichtbares? Gibt es etwas, was es nicht «gibt»? Wir reden über manches, was Andreas erfahren hat und was es doch nicht einfach «gibt» wie das Kuscheltier oder die Wand. Wir reden von Pipi Langstrumpf, die existierte im Kopf von Astrid Lindgren und jetzt in dem Buch und in den Gedanken von Andreas und vielen Kindern. Wir reden über «Hänsel und Gretel» und die «kleine Hexe». Ja, daß es ein Reich der Phantasie, der Imagination, der Gefühle gibt, das nicht einfach real existiert, das leuchtet ihm schon ein. Aber auch ohne das begrifflich fassen zu können, spürt er einen Unterschied: An Jim Knopf und Pipi Langstrumpf muß man ja auch nicht glauben; die kann man bewundern, aber niemand betet schließlich zu ihnen.

Was macht Gott wichtiger als Pipi und Jim? Wofür steht er? Welchen besonderen Bezug zu ihm gibt es? – Eine sehr informative, knappe und leicht lesbare Zusammenstellung über die Antworten verschiedener Religionen zu diesem Thema gibt Hartmut von Hentig in einem Heft mit dem Titel «Du fragst mich, was Gott ist, und ich will dir antworten, was er für mich ist» (Burckhardthaus-/Laetare-Verlag: Gelnhausen 1977). In Gesprächen mit Kindern sollte man gerade auch dem zweiten Teil des Titels folgen: «... ich will dir antworten, was Gott für mich ist», also eher von sich bekennend berichten als religionswissenschaftlich informieren wollen.

Für Eltern, die sich an der biblischen Überlieferung orientieren, gibt es viele Namen für den einen Gott: Er ist Mutter und Vater, Schöpfer, Heiland, Arzt, König, Hirte, Freund, Trösterin, Liebhaber, Zuflucht, Hort, Friedefürst, Retter, Befreier ... Namen, in denen sich Erfahrungen mit Gott ausdrücken. Andreas mißt einige der Namen an Erfahrungen, die er nachvollziehen kann. «Freund» gefällt ihm gut und «Hirte», sieht er doch ab und an einen, der mit seiner Herde in der Nähe durchzieht. Er will wissen, welche Namen mir gefallen.

Welche Erfahrungen kenne ich von mir, von anderen, welche kann ich erzählen, nacherzählen? «In der Theologie zählt nur, was sich erzählen läßt», die These ist bedenkenswert. Zu welchem Namen Gottes kann ich eine Geschichte erzählen, von mir, von andern, aus der Bibel, aus der Geschichte?

Um nicht beliebig zu werden, brauche ich einige Fixpunkte. «Gerechtigkeit» im Alten und «Liebe» im Neuen Testament sind die Überschriften über die unterschiedlichen Namen Gottes und Erfahrungen mit ihm. Gott ist der Name für alles, was Gerechtigkeit und Liebe möglich macht, ist Inbegriff aller Kräfte, die Gerechtigkeit und Liebe bewirken.

Das hilft Geschichten auszuwählen: vom Gott, der die versklavten Israeliten befreit; von Jesus, der sich denen zuwendet, die abgeschrieben sind; von Gott, der mich durch die Liebe der Eltern geschaffen hat, der mir seine Liebe hat ausrichten lassen, ehe ich es verstehen konnte, der andere Geschöpfe ebenso liebt wie mich...

Kinder hören intensiv auf die Geschichten von Gottes Liebe. Das Bilderbuch «Varenka» von Bernadette (Nord-Süd-Verlag, Mönchaltorf 1971) war das in unserer Gemeindebibliothek am meisten ausgeliehene Buch. Es erzählt von der Bewahrung einiger Menschen, die einander und Gott vertrauen, in einem Krieg. Auch ein Buch zur Geschichte vom verlorenen Schaf, das vom Hirten unter Gefahren gerettet wird, war sehr gefragt. Offenbar haben sich Kinder in den Erfahrungen von Bedrohung und Verlassenwerden wiedergefunden, und sie haben sich festgehalten an der Hoffnung auf liebevollen Schutz.

Aber dem Gottesbild, das ihn so betont als liebevoll zeichnet, steht noch eine harte Bewährungsprobe bevor:

«Der liebe Gott» und das Böse

Der fröhliche Glaube an einen liebevollen Gott muß sich früh schon auseinandersetzen mit Erfahrungen des Bösen: in der weiten Welt, in der nächsten Nähe, manchmal auch in den eigenen Gefühlen. Dieser Glaube muß und kann in Auseinandersetzung mit den Schattenseiten der Wirklichkeit nicht nur zerbrechen, sondern auch wachsen, erwachsener werden. Dabei brauchen die Kinder vor allem Begleitung, mehr als fertige Lösungen.

Bei Andreas kam es so zur jüngsten Krise seines Gottesbildes: Wir schauten uns miteinander eine Ausstellung über Straßenkinder in Brasilien an. Ich hatte den Katalog durchgeblättert und war mir sicher, daß keine Bilder gezeigt würden, die den nun Achtjährigen überfallen und überfordern könnten. Im Gegenteil, dachte ich: Hier sieht er Bilder gegen die Resignation, Bilder von Kindern, die sich solidarisieren und für ihre Lebensrechte streiten, er sieht Erwachsene, die diese Bilder betrachten, um sich dafür einzusetzen, daß diesen Kindern Gerechtigkeit geschieht.

Andreas kann aber inzwischen lesen. Und eine Bildtafel zu einem ganz harmlos wirkenden Bild hat ihn umgeworfen: Ein Mädchen, das man unversehrt auf nacktem Steinboden liegen sieht, erzählt in der Texttafel, daß ihre Freundin von einer Todesschwadron mit Benzin übergossen und angezündet wurde, daß sie, die Überlebende, deshalb vor Angst nicht mehr einzuschlafen wage.

Andreas hat danach kein Bild mehr angeschaut, keinen Text mehr gelesen, nichts mehr hören wollen. In der Nacht ist er zweimal naßgeschwitzt zu den Eltern gekommen. Er könne nicht schlafen. Nein, er habe nicht seinetwegen Angst, er wisse, daß er hier in Sicherheit sei. Aber das dürfe doch nicht passieren ... Sein Gerechtigkeitsempfinden war tief verstört, sein Bild, wie Gott und die Welt zu sein haben, hatte – wieder einmal – einen tiefen Riß bekommen. Nur durch körperliche Nähe konnte er in dieser Nacht etwas beruhigt werden.

Aber Tage danach ist sie wieder da, die Frage: Warum passiert so Schreckliches? Wie kann ich mit solchen Bildern leben? Wie verträgt sich solche Brutalität mit meinem Bild vom lieben Gott?

Dieser schmerzenden Frage kann niemand ausweichen, der die Welt mit offenen Augen wahrnimmt. Auschwitz oder Tschernobyl oder eben ein einziges ermordetes, ein behindert geborenes, ein im Krieg oder Straßenverkehr getötetes Kind: Sind das die Wege in den Atheismus? Es ist ein uraltes Problem des Glaubens. In der Theologie hat es den seriösen Namen «Theodizee-Frage»: Wie kann Gott vor dem Elend der Welt gerechtfertigt werden? Er ist der Angeklagte, der an ihn Glaubende der Kläger. Andreas, der so empfindet, erlebt es, wie seit Hiob so viele.

Es gibt keinen erwachsenen, der Wirklichkeit mit ihren dunklen Seiten gewachsenen Glauben, der diese Krise nicht hätte durchleben müssen und immer wieder durchleben würde.

Trotz vieler hundert Seiten kluger theologischer Lektüre zu diesem Thema ist für mich immer wieder eine kurze Geschichte die entscheidende Orientierung, eine Geschichte, die ich keinem Kind erzählen werde und die doch meine Antworten gegenüber einem Kind lenkt. Ein Überlebender des Holocaust erzählt sie, ich habe sie so in Erinnerung: Im Vernichtungslager werden drei Menschen öffentlich hingerichtet. Ein junger Mann kämpft einen quälend langen Todeskampf. Einer der zum Zuschauen Verurteilten schreit schließlich: «Und wo ist Gott?» In die Stille hinein antwortet ein anderer leise: «Da vorne hängt er.»

Die Geschichte läßt nachspüren, wie das ohnmächtige Erleben

der Gewalt des Bösen erzwingt, daß Gott nicht mehr gedacht und erlebt werden kann als ein in seiner Macht über den Wolken Thronender, sondern als der Mit-Leidende. Ein Gott, der die Macht hat zu helfen und nicht hilft, nicht in Auschwitz, nicht in Somalia, nicht einem krebskranken Kind – er müßte zynisch sein. Viele stört das Kreuz als Symbol Gottes in den Kirchen. Es wirkt lebensfeindlich und will doch zeigen, daß Gott durch Mit-Leiden den Leidenden helfen will zu leben. Der Tod Gottes im Kreuz Jesu wird in der Erfahrung des Bösen aus einem bedrückend wirkenden Dogma zu einer Begegnung mit dem mit-leidenden und so mit-leidend Leben ermöglichenden Gott.

Der mit-leidende Gott ist ein ohnmächtiger Gott. Seine Macht ist allein die, um Menschen zu werben, die Leid bekämpfen und versuchen, unbesiegbarem Leid ein menschliches Antlitz zu geben.

Gott identifiziert sich mit dem von den Todesschwadronen verbrannten Mädchen. Wenn wir ihn erkennen in den angstvollen Augen der überlebenden Freundin. So heißt an ihn glauben, daß wir uns mit dem Kampf dieser Kinder um ihr Lebensrecht solidarisieren.

Und diese Konsequenz des Gedankengangs hilft dann vielleicht auch Andreas. Wenn er sieht, daß die Ausstellung Erwachsene bewegt, das Schicksal der Straßenkinder nicht nur achselzuckend hinzunehmen, sondern mitzufühlen, verwirrt zu sein, wie Andreas es ist, und dann doch zu versuchen, kleine Schritte der Solidarität zu gehen, dann öffnet sich ein Spalt der Hoffnung, und Gott wird vom Angeklagten zum mitleidenden Anwalt der Opfer.

Manche religiösen Fragen der Kinder sind deshalb so schwer zu beantworten, weil sie nicht mit einem Glaubenssatz beantwortbar sind, sondern nur mit gelebter Glaubwürdigkeit.

(Egbert Haug-Zapp)

Kleine Frage

Glaubst du
du bist noch
zu klein
um große
Fragen zu stellen?

Dann kriegen
die Großen
dich klein
noch bevor du
groß genug bist

(Erich Fried: Kleine Frage, aus: Fried, E.: Lebensschatten, Berlin 1981: Verlag Klaus Wagenbach (auch in: Gesammelte Werke, Berlin 1993: Verlag Klaus Wagenbach))

4. «Alle müssen sterben – ich auch?»

Wie Kinder nach dem Tod fragen und wie Bilderbücher trösten

Bewußt oder unbewußt wehrt sich etwas in uns gegen dieses Thema. Kinder, diese Anfänger des Lebens, sollten doch unbeschwert von den Gedanken an das Ende sein dürfen. Sie sollten leben lernen ohne Angst vor dem Tod. Deshalb wollen die meisten Erwachsenen Kinder davor bewahren, vom Sterben zu hören. Das scheint relativ leicht zu gelingen in einer Gesellschaft, die den Tod unsichtbar gemacht hat: Gestorben wird im Krankenhaus oder auf der Pflegestation, die Friedhöfe liegen weit draußen im Grünen, die Leichenwagen sind oft nicht mehr schwarz, Trauerkleidung wird kaum noch getragen.

So wie die Erwachsenen sich abschirmen, so sollen auch die Kinder geschützt werden: Der tote Hamster wird so schnell ersetzt, daß der Verlust nicht bemerkt wird. Die weit entfernt lebenden Urgroßeltern können als über Neunzigjährige «plötzlich und unerwartet» sterben – in Gesprächen vor Kindern wird das kaum erwähnt.

Tabuierter Tod – aufgedrängter Tod

Aber während wir so im persönlichen Leben den Tod tabuisieren, dringt er von außen überall ein. Kaum eine «Tagesschau», in der nicht Tote auf den Autobahnen, in den Kriegsgebieten, in den Hungerzonen zu sehen sind. Keine Zeitung, die uns nicht mit unvorstellbaren Statistiken über den Tod konfrontiert. Immer weniger Filme und Fernsehsendungen, die ohne Darstellung von Gewalt und Mord auskommen. Wie leben wir in dieser gespaltenen Welt? Und wie können wir Kindern helfen, sich in ihr zurechtzufinden?

Spätestens mit drei bis vier Jahren fangen Kinder an, nach dem Anfang und dem Ende des Lebens zu fragen. Die Urfragen der Menschen, die Grundfragen aller Religionen: «Wo kommen wir her? Wo gehen wir hin?» beschäftigen die Kinder intensiv. Frühere Elterngenerationen haben diese Fragen geflissentlich überhört – und Kinder merken schnell, welche Themen sie besser vermeiden, weil sie den Erwachsenen peinlich sind. Inzwischen versuchen wohl die meisten Eltern, die Frage nach dem Anfang aufzunehmen, sie in liebevoller Nähe sachlich richtig und dem Verständnis der Kinder angemessen zu beantworten. Sexuelle Aufklärung wird nicht mehr durch Kindermärchen ersetzt oder peinlich berührt der Schule überlassen. Die Frage nach dem Ende hingegen löst soviel eigene Unsicherheit und Angst aus, daß Kinder damit weithin allein gelassen werden. Wenn es zu unserem Mensch-Sein gehört, daß wir von der Begrenztheit unseres Lebens wissen, wenn unsere Tage dadurch kostbar werden, daß sie nicht endlos sind, dann haben Kinder ein Recht darauf, über den Tod nachzudenken und zu hören, wie wir selber damit leben. In den letzten Jahren sind auffallend viele Bilderbücher und Kindergeschichten zu diesem Thema entstanden. Sie können die eigene Auseinandersetzung der Erwachsenen mit diesem Thema nicht ersetzen, sie können sie aber anstoßen. Und sie können dabei helfen, mit Kindern zusammen nach Antworten zu suchen. Im Folgenden werden deshalb einige dieser Bücher vorgestellt.

Sachfragen

Im 3. Kapitel «Der liebe Gott und das Böse in der Welt» wird darauf hingewiesen, wie wichtig es ist, zu verstehen, was hinter einer Kinderfrage steckt. Bei Gesprächen über den Tod scheinen Kinder oft ganz unbefangen, während die Erwachsenen fast in Panik geraten bei der Suche nach der «richtigen» Antwort.

Leicht wird übersehen, daß Kinder auch ein schlichtes Sachinteresse haben können. Da haben sie im Garten einen toten Vogel gefunden. Wenn er nicht schnell in den Mülleimer gebracht wird, können sie mit ihm wichtige Dinge erfahren: Totsein heißt sich nicht mehr bewegen können, nicht mehr essen und trinken müssen, nichts mehr spüren. Es ist traurig, daß der Vogel das alles nicht mehr kann. Aber da muß kein übergroßer Abschiedsschmerz entstehen.

Die Traurigkeit kann Ausdruck finden in einem Ritual: Eine schöne Schachtel wird gesucht, der Vogel hineingelegt, ein Grab wird ausgehoben, der Vogel beerdigt. Blumen oder ein Kreuz schmücken das Grab. Damit kann das Interesse der Kinder befriedigt sein. Es kann aber auch vorkommen, daß sie nach einigen Tagen den Vogel wieder ausgraben, um zu sehen, was aus ihm geworden ist. Vielleicht müssen wir Erwachsenen erst Ekel und Entsetzen hinunterschlucken; aber dann kann es zu einem Gespräch mit den Kindern kommen: Verwesung und Verfall erleben wir jedes Jahr, wenn im Herbst die Blätter fallen. So vergeht alles, was lebendig ist – aber damit und dadurch entsteht neues Leben. Kinder sind schnell bereit, diesen natürlichen Vorgang zu akzeptieren. Er entspricht ihrer eigenen Vorstellung vom Tod, den sie noch nicht für endgültig halten, sondern für eine vorübergehende Abwesenheit oder einen schlafähnlichen Zustand wie bei Schneewittchen im Märchen.

Viele Gedanken kann ein totes Tier auslösen. Eine Erzieherin erzählt:

> «Als wir kürzlich mit unseren Kindergartenkindern während eines Spaziergangs die Hauptstraße am Ortsrand überquerten, sahen wir einen überfahrenen Hasen. Erwachsene hätten vielleicht einen Bogen darum gemacht oder weg-

geschaut – die Kinder wollten ihn sehen. Sie wollten wissen, wie ihm das passiert sei, ob es weh getan hätte, warum er nicht aufgepaßt hat, warum er nicht mehr laufen kann, warum das Auto so schnell gefahren ist? Sie machten sich ganz viele Gedanken und hatten großes Mitleid mit dem Hasen. Ein ganzes Stück weiter sagte ein Mädchen wie sich selbst zum Trost: Es gibt aber bestimmt noch mehr Hasen im Feld, die auch nicht auf die Straße laufen und die nicht überfahren werden!»

Viele Sachfragen werden aufgenommen in dem Fotobilderbuch von Antoinette Becker und Elisabeth Niggemeyer: «Ich will etwas vom Tod wissen. Geschichten vom Tod und vom Leben.» Für Fünf- bis Zehnjährige werden hier unterschiedliche Situationen geschildert, in denen sie dem Tod begegnen könnten. Die Antworten sind nicht festlegend, sondern behutsam weiterführend.

Neben dem Sachinteresse beschäftigt der Tod die Kinder in der Phantasie. Im Spiel können sie ohne Angst «tot umfallen» und gleich darauf wieder sehr lebendig sein. Unermüdlich können ihre Spielautos zusammenstoßen, Katastrophen mit Toten und Verwundeten produzieren. Und wenn sie wütend drohen: «Ich schieß dich tot», meinen sie: «Ich will dich jetzt für eine Weile los sein.» Angst kippt um in Aggression – es ist wichtig, ihr Raum zu geben, weil sonst die Angst ins Unermeßliche wachsen kann.

An dieser Stelle sind wieder die Märchen wichtig, die in vielen Variationen vom Tod erzählen. Da gibt es den Tod des «Helden», der nie endgültig ist: Er ist ein Bild für die innere Wandlung, für die Wiedergeburt. Kinder verstehen, daß Rotkäppchen eine andere ist, nachdem sie aus dem Bauch des Wolfes herausgekommen ist. Endgültig aber ist der Tod des Bösen: Die Stiefmutter tanzt sich in rotglühenden Schuhen zu Tode, die Hexe wird verbrannt – der Sieg des Guten ist damit besiegelt.

Schulkinder können eine große Liebe zu Gespenstergeschichten entwickeln – je schauerlicher, desto besser. Soll man sich selber in solch eine Rolle hineinbegeben? Der siebenjährige Felix ist erst fest entschlossen, die scheußlichste Todesmaske für den Fasching zu wählen, entscheidet sich dann doch für die Ritterrüstung. Es ist ein Spiel mit der eigenen Wonne – Angst oder Angst-Lust, die Kinder dazu bringt, Totenköpfe zu malen, Skelette als Anhänger zu tragen, nachts in der Jugendherberge zu «geistern», die Geisterbahn als Mutprobe zu bestehen. Der Druck der Gleichaltrigen, sich dem Schauerlichen auszusetzen, kann aber auch zu stark werden. Es ist nicht nur eine Geschmacksfrage, ob die Eltern dulden, daß Zombie-Videos angesehen werden. Die Kinder können das Gefühl dafür verlieren, wieviel Angst sie sich zumuten können. Es ist ein Signal für das kranke Verhältnis vieler Erwachsener zum Thema Tod, daß es diese Angebote gibt – und es gibt ein Recht des Kindes auf Schutz vor der Ausbeutung seiner Gefühle.

Trennung von nahen Personen

Auf einer dritten, tieferen Ebene begegnet das Kind dem Tod, wenn es um die Trennung von geliebten Personen geht. Trennungsangst ist tief in uns verankert. Eben noch hat das Zweijährige vergnügt mitgemacht beim Versteckspiel – plötzlich fängt es an, verzweifelt zu weinen, weil es sich zu lange allein gelassen fühlt. Eben noch war keine Verlockung so groß, daß das Kind sich von seinem Spiel hätte lösen können – die Drohung «ich gehe jetzt weg» bewirkt, daß es sofort mitkommt.

In immer neuen Krisen müssen wir lernen, mit Trennungen zu leben. Immer wieder empfinden wir Trennung als kleinen Tod. Es stirbt etwas mit dem Umzug in eine fremde Umgebung, es stirbt etwas mit dem Ende einer Freundschaft, es stirbt etwas mit der Scheidung der Eltern.

«Das Leben geht weiter» – diesen banalen Satz können wir erst dann wieder glauben, wenn wir durch Verzweiflung und Zorn, durch die lange Zeit der Trauer hindurchgegangen sind. Kinder üben das Leben mit Trennung jeden Abend (s. Kapitel 8, «Abends, wenn ich schlafen geh»), sie üben es bei jedem kleinen Abschied. Sie können dabei einen Schatz von Vertrauen erwerben, wenn sie oft genug erleben: Es wird wieder gut, es gibt Trost, die Mutter/der Vater kommt wieder. Die Trauer des Alleinseins und die strahlende Freude, wieder zusammen zu sein, wird – ohne Worte – meisterhaft dargestellt in dem Fotobilderbuch «Das Tuch von Mama» von Gabriele Lorenzer. Schon Dreijährige können sich in diesem Buch wiederfinden und trösten lassen.

Daß «Tod» endgültige Trennung bedeutet, lernen viele Kinder beim Tod eines geliebten Tieres. Es fällt schwer anzusehen, wenn Kinder unglücklich sind. Deshalb sind Eltern immer wieder in der Versuchung, durch schnellen Ersatz Trost spenden zu wollen. Kinder wehren da oft selber ab. Sie spüren, daß ihre Trauer die Liebe zu dem verstorbenen Tier ausdrückt. Sie möchten ihm noch eine Weile treu bleiben. Für Ersatz ist noch kein Platz in ihrem Herzen. Es hilft ihnen, über den Kummer zu reden, sich an viel Schönes zu erinnern, zu weinen, ohne daß die Eltern ein schlechtes Gewissen bekommen. In der Erinnerung behält das, was tot ist, ein Stück Leben. Davon erzählt das Bilderbuch von Susan Varley: «Leb wohl, lieber Dachs». In hellen, freundlichen Bildern wird von dem erzählt, was der Dachs den anderen Tieren geschenkt hat. Nach seinem Abschied und der langen Trauerphase des Winters entdecken seine Freunde, daß sie seine Geschenke weitergeben können.

Alle Eltern werden hoffen, daß ihnen und ihren Kindern erspart bleibt, den Tod eines nahen Menschen zu erleben. Und doch: eine Garantie dafür gibt es nicht. Im Rahmen dieses Kapitels ist es nicht möglich, auch nur annähernd Ausreichendes für diese Situation zu sagen. Bücher, die weiterführend helfen, sind: Tobias Brocher, «Wenn Kinder trauern»; Elisabeth Reed, «Kinder fragen nach dem Tod»; Marie Lene Leist, «Kinder begegnen dem Tod».

Wichtiger als Bücher sind Freunde und Berater. Gerade in Zeiten, in denen Eltern mit eigener Trauer beschäftigt sind, ist es wichtig, daß sie und die Kinder Begleiter finden, die als weniger Betroffene ein Stück Ruhe und Geborgenheit vermitteln können.

«Bin ich schuld?»

Wenn Kindern ermöglicht wurde, in der oben beschriebenen Weise sich dem Thema «Tod» anzunähern, dann haben sie für ihre Trauer Sprache zur Verfügung. Sprachlosigkeit ist so bedrohlich, weil durch sie die Einsamkeit wächst. Jüngere Kinder können mit Phantasien beschäftigt sein, von denen die Erwachsenen keine Ahnung haben. Sie glauben ja noch an ihre eigene Allmacht. Sie können also fürchten, selbst am Tod des anderen schuld zu sein: Sie haben den Tod nicht verhindern können, haben sie ihn vielleicht sogar bewirkt? Da hat die Großmutter gesagt: «Du bringst mich noch um mit deinem Krach»; da hat man gewünscht, der kleine Bruder wäre tot, der immer die Liebe und die Aufmerksamkeit aller an sich zieht. Und wenn nun das Schreckliche geschieht, daß dieser – ja nur ab und zu gespürte – Wunsch in Erfüllung geht, kann ein Kind, das seine Allmachtsvorstellung noch nicht korrigiert hat, glauben, es habe schuld an diesem Tod. Es ist deshalb ganz wichtig, Kindern die Todesursache zu erklären, Krankheit oder Unfall zu benennen. Vermeiden sollte man Formulierungen wie «Gott hat ihn zu sich genommen». Gott würde damit die Ursache des Todes. Das Kind könnte sich in seinem Kummer nicht mehr vertrauensvoll an ihn wenden.

Wenn Trennungsangst das stärkste Gefühl beim Tod eines nahen Menschen ist, dann ist für Kinder in dieser Erfahrung nichts wichtiger als Nähe. Sie können es ertragen, ihre Eltern weinen zu sehen. Sie können es kaum ertragen, weggeschickt zu werden, beschwichtigt und geschont zu werden. Von daher ist auch die Frage zu entscheiden, ob Kinder bei der Beerdigung dabei sein sollten. Wenn sie selber es wollen, wenn es Erwachsene gibt, die sie fragen, an denen sie sich festhalten können, dann sollte man sie nicht ausschließen. Als der Dreiundzwanzigjährige verunglückte, waren die acht- und zehnjährigen Geschwister bei der Beerdigung nicht nur Beobachter. Sie gaben am Ende jedem aus der großen Gruppe der Trauernden einen blühenden Zweig. In diesem Symbol des Lebens war für alle etwas von der strahlenden Lebendigkeit des jungen Mannes bewahrt.

Wenn Kinder – aus welchen Gründen auch immer – nicht an

der Beerdigung teilnehmen, dann brauchen sie in dieser Zeit einen vertrauten Menschen, der Zeit für sie hat.

«Wo ist der Tote jetzt?» – diese Frage beschäftigt die Kinder lange. Sie geben sich nicht zufrieden mit biologischen Erklärungen. Anders als beim toten Vogel spüren sie, daß das Ende nicht einfach spurloses Vergehen heißen kann. Die möglichen Antworten und Deutungen finden sich auch in Bilderbüchern. Oft wird betont, was auch in Todesanzeigen zu lesen ist: «Wer im Gedächtnis seiner Lieben ist, der ist nicht tot.»

Bettina Egger und Sita Jucker erzählen in «Marianne denkt an ihre Großmutter» in einfachen Worten und Bildern, ganz aus der Perspektive des Kindes, von der Trauer um die Großmutter und von den vielen Erinnerungen und schönen Erlebnissen mit ihr. Im Gespräch mit den Eltern, in Wut, Angst und Ratlosigkeit, am Schluß in einem selbstgemalten Bild der Großmutter kann Marianne ihren Weg finden. «Da merkte ich, daß ich sie immer noch gern haben konnte, auch wenn sie nicht mehr hier war. Das machte mich wieder ein wenig froh.»

Der Tod Gleichaltriger

In den meisten Kinderbüchern sind es alte Menschen, die sterben. Das entspricht auch den Vorstellungen der Kinder, die Tod mit Alter und Krankheit verbinden. Oft spielt auch der Gedanke eine Rolle, daß der Tod Strafe sei. «Alte Leute sterben, aber nicht Kinder, die sind lieb» sagte ein Fünfjähriger, sich selbst zur Beruhigung. Aber Kinder erleben auch, daß Gleichaltrige durch unheilbare Krankheit oder Unfall sterben.

«Abschied von Rune» von Marit Kaldhol und Winche Oyen schildert die Freundschaft von Sarah und Rune. Beim Spiel am See ertrinkt Rune. Wie Sarah diesen Verlust verarbeitet, wird in sehr stimmungsvollen, dunklen Bildern und einem Text dargestellt, der bei viel sachlicher Information zugleich die Nähe und Liebe der Eltern betont. Es gibt in diesem Buch keine Aussagen der Hoffnung. Was tröstet, ist die Gegenwart und die emotionale Begleitung der Eltern.

Auf diesen Trost muß Julia verzichten. In dem Buch von Angela Sommer-Badenburg und The Tjong Khing «Julia bei den Lebenslichtern» ist ihre Mutter beim Tod der Großmutter so sehr mit sich beschäftigt, daß Julia kaum beachtet wird. An der Beerdigung darf sie nicht teilnehmen, Gespräche sind nicht möglich. «Jetzt nicht, Julia, bitte.» In ihrer Einsamkeit findet Julia am Grab der Großmutter eigene Bilder des Trostes. In einem Tagtraum begegnet sie einer freundlichen Kindergestalt, die sie zu dem «See der Lebenslichter» führt. Das Lebenslicht ihrer Großmutter ist zwar erloschen, aber es versinkt nicht, solange Julia sie liebt.

Der Tod in der Gestalt eines freundlichen Kindes, der zu zuversichtlichem Leben hilft – das ist ein schönes Bild. Trotzdem würde ich dieses Buch eher Eltern als Kindern empfehlen. Die erschrekkende Einsamkeit des Kindes und die Überforderung, die darin liegt, daß Julia mit ihrer Liebe allein das Licht der Großmutter am Leben hält, scheint mir für Kinder zu belastend.

Hoffnung gegen den Tod?

Die religiöse Dimension dieser Bilderbücher liegt darin, daß sie die Gefühle, die Angst, die Sehnsucht der Menschen ernst nehmen. Ihre Antworten bleiben bei dem, was Menschen sich gegenseitig an Geborgenheit und Trost geben können. Für viele Eltern werden sie gerade deshalb eine Hilfe sein. Sie wollen Kindern nichts sagen, was sie selber nicht glauben. Für andere bleibt darin zuviel offen. Sie haben die Hoffnung, daß da noch mehr ist als menschliche Nähe und treues Erinnern. Gott ist für sie das Symbol für Leben und Liebe. Deshalb muß von ihm auch an der Grenze unseres Lebens die Rede sein.

«Gott ist nicht der Toten, sondern der Lebendigen Gott, denn sie leben ihm alle» (Lukas 20,37f). «Ich bin gewiß, daß weder Tod noch Leben ... uns scheiden kann von der Liebe Gottes, die in

Christus Jesus ist» (Römer 8,36 f) – solche Worte der Bibel malen nicht einen jenseitigen Himmel, sie behaupten nicht die Unsterblichkeit des Menschen. Sie halten fest an einer Liebe, die Leben und Tod überspannt. In dem Büchlein «Johanna und der Tod» von Margareta Melin betet die Mutter nach dem Tod des alten Freundes mit Johanna: «Lieber Gott, kümmere Du Dich um Heinrich jetzt, wo er tot ist. Du sorgst für uns, wenn wir leben. Du sorgst auch für uns, wenn wir sterben. Danke!» und Johanna sagt: «Weißt Du, was ich glaube? Ja, wenn man tot ist, da ist man lebendig bei Gott.»

Diese Hoffnung steht auch hinter den Worten und Bildern des Buches «Pele und das neue Leben» von Regina Schindler und Hilde Heyduck-Huth. Hier ist es wieder ein gleichaltriger Freund, der stirbt. An dem noch gemeinsam angelegten Blumenbeet wird Pele nach dem Tod des Freundes etwas vom Geheimnis des neuen Lebens deutlich.

Eine letzte Schicht der Begegnung mit dem Tod: Auch Kinder können die Angst vor dem eigenen Tod spüren. Die fünfjährige Rebecca sagt eines Tages, ohne erkennbaren Anlaß: «Warum müssen Menschen sterben? Muß ich auch sterben?» Ihre Mutter versucht, ehrlich zu antworten: «Ja, wir alle, Du auch, müssen eines Tages sterben.» Verzweifelt weint Rebecca: «Ich will aber nicht sterben.» Ihre Mutter ist ratlos. Sie sagt, daß manche Menschen glauben, daß es nach dem Tod ein neues Leben gibt. Aber Rebecca spürt, daß das für ihre Mutter selbst kein Trost ist. Mutter und Kind sind sich in ihrer Angst und Traurigkeit sehr nahe. Eine Lösung gibt es nicht. Aber für Rebecca ist wohl schon wichtig gewesen, daß sie über ihre Angst sprechen konnte, daß ihr Weinen erlaubt war.

Zehn Jahre später fragen wir Rebecca, wie es eigentlich mit dieser Angst weitergegangen ist. Ja, sagt sie, sie hätte sie noch lange begleitet. Als sie etwa neun Jahre alt war, sah sie den Film «Momo». Meister Hora, bei dem Momo Zuflucht findet, wurde für sie zum Bild der Hoffnung. «Ich habe gedacht, wenn ich sterbe, werde ich bei Meister Hora sein. Da habe ich keine Angst mehr vor dem Tod haben müssen.»

Kinder finden Bilder für ihre Hoffnung; was in der biblischen Sprache «Himmel» heißt – die Welt, in der es gut ist, in der wir alle bei Gott geborgen und aufgehoben sind –, heißt für Rebecca: «bei Meister Hora sein». Für manche Jungen wird es das Land Nangilala sein, von dem Astrid Lindgren in «Die Brüder Löwenherz» erzählt.

Wir können Kindern unsere Bilder und Worte anbieten; sie werden annehmen, was ihnen hilft. Wenn in ihrem Leben Vertrauen möglich ist, wenn sie Geborgenheit und Liebe kennenlernen, dann werden sie auch über den Tod hinaus Hoffnung und Zuversicht haben können.

(Heidi Mühle)

Woher, wohin?

Du kamst, du gingst mit leiser Spur,
ein flüchtger Gast im Erdenland,
Woher? Wohin? Wir wissen nur:
Aus Gottes Hand in Gottes Hand.

(Ludwig Uhland)

Die Kinder und der Tod

Vorgestellte Bücher:

Antoinette Becker u. Elisabeth Niggemeyer
«Ich will etwas vom Tod wissen»,
Geschichten vom Tod und vom Leben
Ravensburg: Otto Maier 1979

Gabriele Lorenzer
«Das Tuch von Mama»
Ravensburg: Otto Maier 1983

Susan Varley
«Leb wohl, lieber Dachs»
Heidelberg: Betz 1984

Tobias Brocher
«Wenn Kinder trauern»
Reinbek: Rowohlt 1985 (rororo)

Elisabeth Reed
«Kinder fragen nach dem Tod»
Stuttgart: Quell 1972

Marielene Leist
«Kinder begegnen dem Tod»
Freiburg: Herder 1979

Bettina Egger u. Sita Jucker
«Marianne denkt an ihre Großmutter»
Zürich: bohem press 1986

Marit Kaldhol und Winche Oyen
«Abschied von Rune»
München: Ellermann 1987

Angela Sommer-Bodenburg und The Tjong Khing
«Julia bei den Lebenslichtern»
München: Bertelsmann 1989

Margareta Melin
«Johanna und der Tod»
Gelnhausen: Burckhardthaus 1977

Regina Schindler und Hilde Heyduck-Huth
«Pele und das neue Leben»
Lahr: Kaufmann 1981

Astrid Lindgren
«Die Brüder Löwenherz»
Hamburg: Oetinger 1974

5. Wie uns das Kind zu Eltern macht

Gedanken einer Mutter während der Schwangerschaft

Jedes Kind hat eine Mutter und einen Vater. Sonst wäre es nicht gezeugt, sonst würde es nicht geboren. Durch die Mutter kommt der Mensch zur Welt. Ein Ereignis, das täglich in der ganzen Welt tausendfach geschieht. Seit Menschengedenken der normalste Vorgang und der wundersamste zugleich.

Ein Vorgang, der uns Menschen teilhaben läßt an der Schöpfung. Mit uns und in uns wird neues Leben geschaffen. Wir tragen dazu bei, mit dem, was wir selbst schon ins Leben mitgebracht haben, mit unserem Körper, mit unserer Sexualität, mit unserer Fähigkeit, lieben und sorgen zu können. Durch uns entsteht Leben – doch wir sind nicht selbst Schöpfer oder Schöpferin, wir sind nicht der Ursprung des Lebens, nicht Anfang und Ende. Wir sind ein Glied in der großen Kette des Lebens, ein kleiner Punkt in einem großen Ganzen, ein Ton in einer ganzen Symphonie. Ganz natürlich, weil in unserer Natur liegend – und doch ein Mysterium. Ein Mysterium, das uns Erwachsene oftmals wieder ein Stück Gottvertrauen spüren läßt, das wir auf dem Weg zum Erwachsenwerden oft verlernt haben.

Kinder empfinden noch vieles als wundersam. Eine Menge davon relativiert sich im Heranwachsen durch immer mehr Wissen, Verstehen und Information. Verstand und kritisches Bewußtsein entmystifizieren nach und nach die kleinen Dinge des Alltags. Aber auch die großen Fragen des Lebens werden erklärbar, zu-

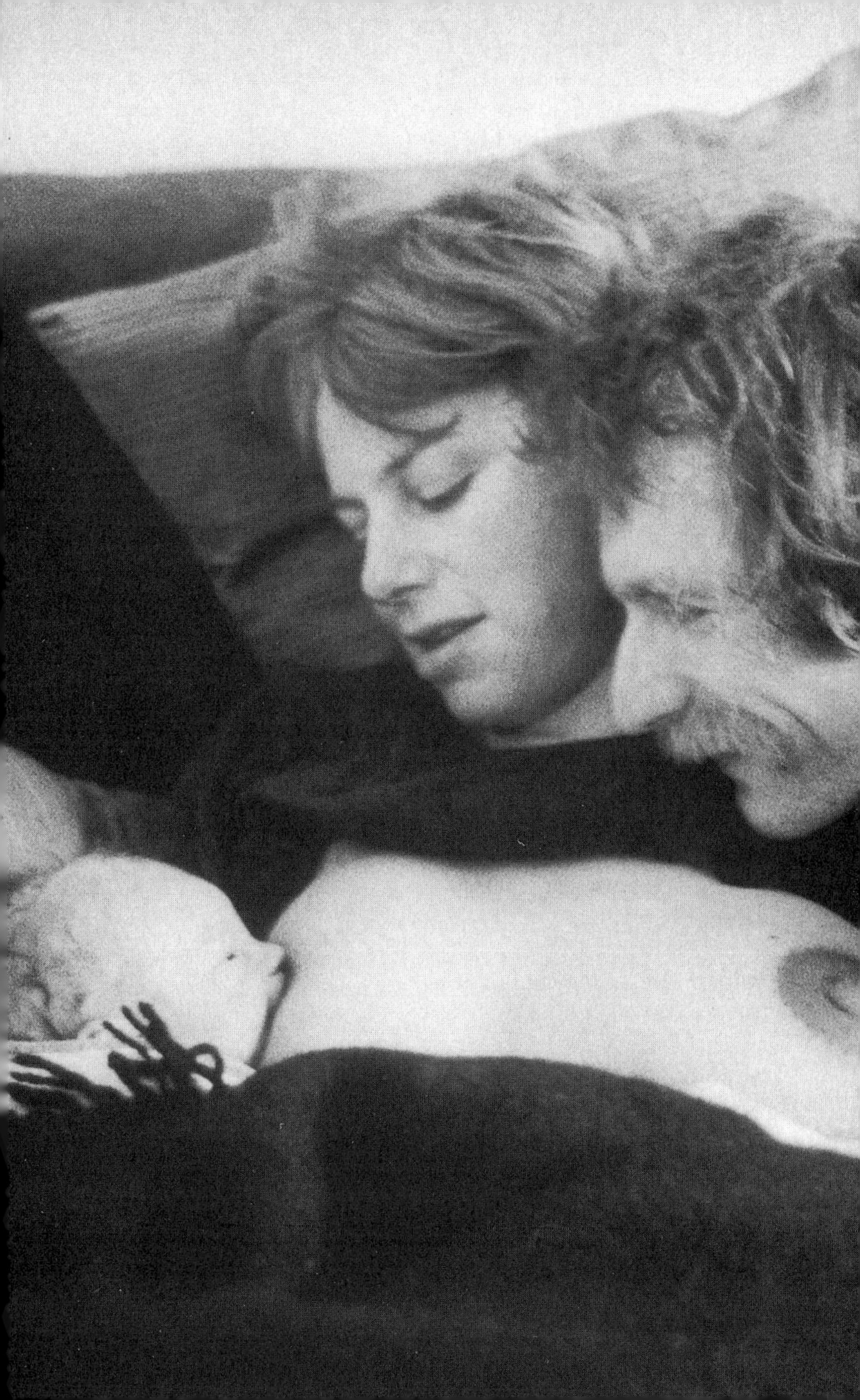

mindest scheint es so. Der Kinderglaube wird ernüchtert, das große Staunen weicht der Erfahrung, daß durch Information und Lernen so vieles verständlich wird.

Die Neugier wird nun von einer aufklärerischen Haltung begleitet. Damit weicht auch das kindliche Gottvertrauen und der kindliche Gottesglaube aus unserem Leben.

Das Herauswachsen aus der kindlichen Unwissenheit, das zunehmende Wissen und Erkennen führt jedoch letztendlich nicht zu dem Punkt, an dem alles erklärt ist, sondern läßt neue Fragen entstehen, die ins Unendliche gehen.

Das Unerklärliche läßt sich nicht mit bloßem Gottvertrauen zufriedenstellen. Die Suche nach den Antworten auf die Fragen des Lebens ist begleitet von Zweifeln. Der Weg zur Erkenntnis ist eine Vertreibung aus dem kindlichen Gottvertrauen, aus dem Garten Eden – gäbe es da nicht die Momente im Leben, die uns über unsere Fragen nach Gott und dem Leben nicht mehr bloß nachdenken, sondern sie wieder erfahren und erspüren lassen.

In Situationen, die uns in unsere menschlichen Grenzen verweisen, spüren wir die Tatsache wieder, daß wir nicht alles wissen, nicht alles erklären, nicht alles lenken können. In solchen Momenten sind wir wieder darauf angewiesen wahrzunehmen, zu erfahren und zu vertrauen. Oft sind diese Erfahrungen verbunden mit Trennung, Trauer, Krankheit oder Tod und sind begleitet von Angst oder Verlust von Sicherheit. Genausosehr können sie aber auch öffnen für eine Hingabe an das Leben, neues Vertrauen in das Leben schaffen.

Schwangerschaft – ein Kind erwarten – kann für solche Erfahrungen öffnen. Mit uns und an uns vollzieht sich ein Teil der Schöpfung, läßt uns an ihr teilhaben.

Wünsche werden wach, Vorstellungen oder auch Befürchtungen entwickeln sich. Freude auf das Neue, das Ungewisse entsteht, aber auch Sorge und Bangen begleiten das Wachstum, das wir nicht steuern und bestimmen können. Uns bleibt nur die Entscheidung, entweder das neue Leben abzulehnen, uns also dagegen zu entscheiden, oder uns auf dieses neue Leben, das immer mit Ungewißheit verbunden ist, einzulassen. Was dieses Wachstum mit sich bringt, läßt sich nicht voraussagen, es ist eine Reise ins Ungewisse. Und doch ist diese Unsicherheit oft trotz vieler Widrigkeiten ganz irrational mit so viel «guter Hoffnung», Freude und Zutrauen in das, was kommen wird, verbunden. Es ist eine Hingabe an das Leben, an die Lebendigkeit, oft gegen unsere Vorstellung der eigenen Lebensplanung oder unser besorgtes Streben nach genügend Absicherung. Und gerade daraus entstehen Freude, Glück und Vertrauen.

Es ist eine Erfahrung jenseits des Verstandes. Wir wissen nicht, woher es kommt, dieses Leben, wir wissen nicht, wohin es geht, aber wir sind Teil dieses großen Kreislaufs, wir vollziehen dieses Mysterium mit. Es läßt sich nicht erklären, aber es bietet sich uns an – das Leben selbst – es läßt sich erspüren. Wir werden hineingenommen in den Vollzug der Schöpfung. Wir erhalten daraus keine Informationen, die uns Gewißheit über den Ursprung oder Sinn des Lebens und des Todes verschaffen. Es geht tiefer – wir erfahren. Der ganze Körper ist miteinbezogen. Das Leben, die Schöpfung wird uns nicht vermittelt und erklärt, sondern er-lebt.

Eine Erfahrung, die wir mitnehmen können auf den Weg mit unseren Kindern. Eine Haltung, die wir weiterleben können: Fragen nach Gott und dem Leben können wir nie mit Sicherheit beantworten, aber er-leben können wir sie, und wir können unsere Kinder auch dazu ermutigen.

(Anne Kettner-Grosbüsch)

Ein Kind um seines Lebens willen loslassen können

Zwei junge Mütter kamen zum König Salomo, der berühmt dafür war, Gottes gerechtes Gebot weise auszulegen. Die beiden stritten um ein Kind. Denn beide hatten fast zur gleichen Zeit im selben Haus entbunden. Ein Kind war gleich nach der Geburt gestorben. Und nun stritten sie darum, welcher von beiden das überlebende Kind gehörte.

Weder die Reden der Frauen noch Zeugenaussagen konnten die Wahrheit an den Tag bringen. Im 1. Buch der Könige, Kap. 3, wird berichtet, wie der weise Salomon den Streit entschied:

«Und der König sprach: ‹Holt mir ein Schwert!› Und als das Schwert vor den König gebracht wurde, sprach er: ‹Teilt das lebendige Kind in zwei Teile und gebt dieser die Hälfte und jener die Hälfte.› Da sagte die eine Frau: ‹Ach mein Herr, gebt ihr das Kind lebendig und tötet es nicht!› Jene aber sprach: ‹Es sei weder mein noch dein; laßt es teilen.› Da sprach der König: ‹Gebt dieser, die bereit ist, das Kind um seines Lebens willen loszulassen, das Kind lebendig; sie ist die richtige Mutter.›

Und ganz Israel hörte von diesem Urteil, und sie fürchteten den König, denn sie sahen, daß die Weisheit Gottes in ihm war.»

Briefwechsel eines jungen Elternpaares

Lieber Daniel,
seit ich über das «Eltern-Werden» nachdenke, frage ich mich: Seit wann sind wir das eigentlich, Eltern? Oder besser: *Wann haben wir angefangen, Eltern zu werden?* Vor Jannas Geburt war es auf jeden Fall – wie oft haben wir doch darüber gesprochen, wie das sein würde mit unserem Kind. Haben uns überlegt, wie es wohl umgehen wird mit uns und wir mit ihm. Sogar Unterhaltungen mit ihm haben wir uns ausgedacht, immer wieder. Wir haben mit Janna gelebt und sie erlebt – in diesen Gesprächen viel intensiver als auf all den Ultraschallbildern.

Ich habe in dieser Zeit häufiger als vorher junge Familien beobachtet und gedacht: «Nein, so nicht!» oder «Ach, so geht das auch!» Auch Erfahrungen mit unseren eigenen Geschwistern als Eltern (immerhin sind wir beide schon einige Jahre Tante und Onkel gewesen) haben wir immer wieder diskutiert. So manches mögliche Problem war uns dadurch vielleicht schon eher bewußt (und wie das Wickeln geht, hatten wir zumindest schon öfter mitangesehen!). Es war gut, daß wir uns zumindest theoretisch bei solchen Beobachtungen einig waren. Das wollen wir – und so wollen wir es nicht. Mir haben diese Gespräche Sicherheit gegeben, daß wir das als Eltern bestimmt gut machen würden.

Wer weiß, vielleicht auch aus dem Gefühl heraus, daß auch unsere Eltern im großen und ganzen es gut gemacht haben? Würden wir ihnen heute noch vieles ankreiden, wäre es wohl auch mit dem eigenen Elternwerden schwieriger. Zum Elternsein gehört sicher, von den eigenen Eltern den richtigen Abstand gefunden zu haben (und immer wieder neu zu finden).

Ach ja – fast hätte ich unseren Geburtsvorbereitungskurs vergessen; ein bißchen Vorbereitung aufs Elternwerden war das wohl auch. Und damit bin ich schon fast bei dem Tag, an dem wir dann tatsächlich «richtig» Eltern wurden – Jannas Geburt. Daß das alles ganz anders verlief, als ich es mir vorgestellt und gewünscht hatte, darüber haben wir oft genug geredet. Mir, die sich von Tag zu Tag wohler fühlte, gerade in den letzten Monaten, und der die Schwangerschaft viel zu schnell zu Ende ging, mir fiel es unendlich schwer, unser Kind nun «hergeben» zu müssen. Den Schmerz habe ich auch heute noch nicht vergessen. So gerne wäre ich stolz gewesen auf meine «Leistung», und dann habe ich doch so viel an fremder Hilfe gebraucht.

Ganz anders habe ich mich erlebt als erwartet, viel stärker ausgeliefert. Es ist gut, daß Du das alles mit-erlebt hast, von der ersten bis zur letzten Minute. Keinen Moment hätte ich ohne Dich sein wollen, gerade auch dann nicht, als Schmerz und Erschöpfung sich auf einen Schlag wandelten in Dankbarkeit, Respekt und Staunen über die Kraft, die unser Kind von Anfang an in sich hatte. Da liegt ein fertiger Mensch, ein ganz, ganz anderer Mensch als ich, mir, uns zu treuen Händen anvertraut: Das alles lag in meinen ersten Gedanken, als Janna dann endlich bei uns war.

Liebe Griet,
ich glaube, Du bist einige Zeit, bevor ich Vater wurde, Mutter geworden. Du warst Mutter, kaum daß Du wußtest, daß ein Kind in Dir wächst. *Du warst mir immer einen Schritt voraus.* Du hast die Bücher gelesen, die Erstausstattung zusammengestellt, die Ernährung «geplant». Deinem Antrieb ist es zu verdanken, daß wir nötige Dinge rechtzeitig angeschafft haben, daß wir nicht das «Nächstbeste» genommen, sondern uns informiert haben. Du warst immer einen Gedanken voraus. Mich hat das immer wieder überrascht. Es hat mich nicht gestört, ich habe gerne mit Dir geplant und geträumt, aber Du warst schneller. «Wie immer» denkst Du jetzt vielleicht, aber es war mehr als nur mein etwas trägeres Wesen. Irgendwie werde ich den Gedanken nicht los, daß es die ganz besondere Nähe von Euch beiden war, das völlige Ineinandersein, das mir keine Chance ließ, genauso schnell Vater zu werden.

Wenn wir auch in Gesprächen viel über Kind und Erziehung und alles darum herum nachdachten, so war es mir dabei nie so nah wie Dir, eben: «unter dem Herzen». Zu Eurer besonderen Nähe gehörten dann auch Deine Schmerzen bei der Geburt – Schmerzen, die ich schier hilflos miterleben mußte. Ein Geschehen, das Dich erbeben ließ, habe ich «nur» indirekt durch Deine Schmerzen wahrgenommen. Meine größere Distanz bedeutete auch weniger Schmerzen für mich. Ich kannte Janna nur vom Ultraschallbild – Du hast sie gespürt und genährt.

Und dann, um 8.02 Uhr an jenem Freitag, da war ich dann tatsächlich Vater. Nach einer schweren Nacht lag da dieses kleine Mädchen, das Janna heißen sollte, mit blauen Händchen und Füßchen auf Deinem Bauch und blickte mit großen Augen in die Welt. Jetzt wußte ich, daß ich Vater bin, und viel von dem, was Du voraus warst, entlud sich bei mir in Tränen der Freude: unsere Tochter Janna! Und *wir drei waren uns ganz nah*. Was vorher ungleichzeitig abgelaufen war, war hier im völligen Gleichklang. Die ersten drei Stunden waren traumhaft.

Dann packte Euch der Krankenhausalltag und mich der Krankenhausbesucheralltag. Der eigene Lebensrhythmus der kleinen Janna war für mich durch die Entfernung von zu Hause zum Krankenhaus nicht zu durchschauen. Auch Dein Bedürfnis nach Ruhe und nach meiner Nähe zugleich war für mich schwierig in eins zu bringen. Das enge Krankenhauszimmer mit seiner fehlenden Abwechslung ließ mich immer wieder fliehen. Für mich war kaum Platz.

Wie sehr freute ich mich, endlich unsere kleine Familie zu Hause zu haben, selber zum Interieur zu gehören, selber ein-greifen zu dürfen, ohne zu befürchten, irgendwen oder irgendwelche Regeln zu verletzen: wir unter uns. Aber aufgeregt war ich mindestens genauso. Jetzt wurde es ernst. Aber es war ein freudiger Ernst.

Lieber Daniel,
ich weiß noch genau, wie ich dalag im Kreißsaal und nicht einmal sehen konnte, wie Du Janna gebadet hast. Zum ersten Mal im Leben waren wir getrennt. Das war nicht leicht – aber ich wußte sie ja in guten Händen. Ich habe gemerkt, wie glücklich Du mit ihr warst.

Wie das damals im Krankenhaus für Dich gewesen sein muß,

habe ich erst jetzt richtig begriffen. Du warst eben nur Gast! Daheim erst wurde es dann «richtig». Meinen Vorsprung in der «Babypflege-Praxis» hast Du schnell aufgeholt, und Deine ruhige Gelassenheit war auch hier das Gegengewicht zu mir, die ich manchmal auch zu viele Bücher lese... Die ersten 14 Tage, als Du Urlaub hattest, waren wunderschön, trotz der schlafarmen Nächte. Wir hatten soviel Zeit füreinander.

Dann aber kam viel zu schnell der *Berufs- bzw. der Mutter-Alltag*. Eine Fülle Arbeit kam auf Dich zu – und auf mich genauso – nur ganz anders. Das einzig Schöne damals waren unsere gemeinsamen Spaziergänge mit dem Singen vieler Adventslieder für Janna. Nein, lange hätte ich das so nicht ausgehalten. Ich konnte es kaum erwarten, bis ich an Neujahr endlich die erste Predigt halten «durfte». Daß Du über die Entlastung froh warst und mich nie als Konkurrenz betrachtet hast, machte das Ganze noch leichter. So langsam stieg ich wieder in den Beruf ein, auch wenn die Stillzeiten mich noch öfter zu Hause hielten. Das Stillen hätte ich allerdings auch nicht aufgeben wollen! Diese innige Nähe ließ die Schwangerschaft langsam ausklingen.

Je mehr aber Janna von mir unabhängig wurde, um so besser gelang auch *das Teilen von Familien- und Berufsarbeit*. Heute freut sie sich immer riesig, wenn der/die jeweils andere wieder nach Hause kommt. Und uns tut es wohl beiden gut, das Kind einmal dem anderen anvertrauen zu können, nach draußen zu kommen und dann wieder voll Begeisterung mit Janna im Sessel Kataloge anzuschauen.

Was mir übrigens noch sehr wichtig war und ist, das sind die regelmäßigen Treffen mit anderen Müttern in der Mutter-Kind-Gruppe. Der Erfahrungsaustausch hat mir viele Sorgen genommen, und Janna hat ja von Anfang an uns für andere Kinder stehengelassen! Natürlich: Da gehe nun wieder ich mit Janna hin (es sind auch sonst keine Väter da, obwohl sie dürften). So ein bißchen mehr für sie verantwortlich fühle ich mich vielleicht doch – was meinst Du?

Unsere Beziehung ist uns in der ersten Zeit ein wenig aus dem Blick geraten – kein Wunder bei all der Arbeit. Ganz langsam *haben wir uns als Paar wiederentdeckt;* der erste gemeinsame

Kinobesuch ist mir im Gedächtnis geblieben! Da haben wir wieder neu an «früher» angeknüpft. Ich merke, wie ich das brauche: Dich und mich auch jenseits des Elternseins zu erleben. Und ich denke, das tut Janna gut, wenn sich nicht all unsere Privatgespräche um sie drehen. Dadurch bekommt sie ja auch mehr Platz, sich zu einem eigenen Menschen zu entwickeln und zu entfalten.

Liebe Griet,
ich weiß auch nicht genau, warum doch wieder Du, die Mutter, mit Janna in die Krabbelgruppe gehst. Naja, vielleicht erhält sich das System ja auch von selbst: schon ein seltsames Gefühl, als einziger Mann zwischen lauter Müttern zu sitzen. Einmal habe ich es ja gewagt. Allein, dieses Gefühl überwiegt die in Worten ausgesprochene Offenheit, daß auch Väter willkommen seien. Eine seltsame Sache. Sind Mütter untereinander «grund-solidarisch»? Ich weiß es nicht. *Sind Mütter untereinander anders als Väter?* Fast scheint es so – zumindest in unserem traditionell festgefügten Dorf mit klaren Rollenverteilungen.

Durch unseren geteilten Pfarrer(in)beruf besteht wohl dennoch bei keinem/r von uns beiden die Gefahr, zum Heimchen am Herd zu verkommen. Und wie Du schätze ich die Abwechslung von geteilter Verantwortung im Beruf wie auch in der Familie. Aber unsere Situation ist darin wohl kaum mit der anderer junger Familien zu vergleichen, wo es keine geteilten Lösungen, keine halben Sachen gibt. Da heißt es dann für einen – meistens ist es wohl die eine – zurückzustecken. Diese Entscheidung und Belastung des Elternverhältnisses bleibt uns so erspart.

Eine andere Sache des Vaterwerdens macht mich nachdenklich, besonders als Pfarrer, der Vater geworden ist. Als Christ(inn)en beten wir zu Gott als «unserem Vater», wie Jesus es uns eben in seinem berühmten Gebet gezeigt hat. Und immer wieder begegnen mir dann Menschen, die mit diesem *Gott-Vater* nichts anfangen mögen, weil sie durch ihre leiblichen Väter Kränkungen, Enttäuschungen und Verletzungen erlitten haben. Welche ungute Macht habe ich als Vater, wenn ich Janna ein lebendiges Verhältnis zu Gott als Vater durch den Filter meines schlechten Vaterbildes unmöglich machen könnte? Wird der Glaube an Gott als

Vater unmöglich durch die «real-existierenden» Väter? Wie kann ich dieser Verantwortung gerecht werden? Muß ich ein unendlich barmherziger Vater sein – wie im Gleichnis vom verlorenen Sohn?

Ich fürchte, damit würde ich mich selbst überfordern und beginge denselben verhängnisvollen Fehler wie die, die Gott wegen der Menschenväter ablehnen. Gott-Vater ist nicht wie wir Menschenväter, und wir Menschenväter brauchen nicht wie Gott-Vater zu sein. Genausowenig dürfen wir aber auch nur den Anschein dieses Mißverständnisses übermitteln. Ich bin nicht Gott, und er ist nicht wie ich: Gott sei Dank!

Diesen Unterschied zu bewahren, bedeutet mir die Freiheit, ich selbst zu bleiben, und auch die Freiheit, meine väterliche Unvollkommenheit zugeben zu dürfen. Zugleich mahnt mich der barmherzige Vatergott, Patriarchenpfründe gründlich zu hinterfragen.

Vielleicht kannst Du damit ja gar nichts anfangen, weil es an Deinen Gefühlen vorbeigeht, aber ich wünsche mir und Janna, daß Janna an mir vorbei weiter die Chance behalten kann, an Gott – vielleicht auch als Vater – zu glauben.

Lieber Daniel,
ich glaube, gerade weil Janna uns beide erleben kann, als einen Mann *und* eine Frau, die von Gott erzählen nicht nur als Gott-Vater und die gleichzeitig gemeinsam das Pfarr-Herr-Bild hinterfragen, muß ihr Gottesbild nicht so auf den (ihren) Vater festgelegt sein. Hoffentlich ist es einmal überhaupt nicht auf das «Elternbild» festgelegt! Denn so eine übermächtige Mutter kann einem Kind ja auch ganz schön zu schaffen machen (wobei Gott-«Mutter» für mich ähnlich wie für Dich Gott-Vater eben nicht eine klammernde, sondern eine zugleich Halt und Freiheit gebende Mütterlichkeit verkörpert, an der ich mich in meinem Muttersein gerne orientieren möchte). Nein, in diesen Bildern steckt mir noch zuviel Hierarchie drin! Gerade jetzt, in der Passionszeit, reden wir ja viel mehr vom ohnmächtigen Gott. Vom Bruder Jesus, der an unserer Seite ist, nicht von einem, der vom Himmel herabschaut und alles beobachtet und notiert. Janna soll doch ein Mensch werden, die für sich selbst und für andere Verantwortung übernimmt. Aber natürlich wird sie uns messen an dem, was wir

auf der Kanzel sagen und an dem, was wir im Alltag tun; sie soll es auch. Hoffentlich wird sie uns einmal eine kritische Begleiterin!

Was ich so besonders schön finde, das ist, wie wir über sie wieder zu so *regelmäßigen Formen* wie dem Tischgebet gefunden haben. Nicht als leeres Ritual, sondern weil wir uns erinnern wollen, daß wir unser Leben einem anderen verdanken – und daran, daß wir das, was wir haben, nicht nur für uns behalten, sondern mit anderen teilen.

Auch das Abendlied «Der Mond ist aufgegangen», das wir an ihrem Bett singen, ist für mich darum sehr wichtig: sich selbst und den Tag Gott anvertrauen, und auch noch einmal an den «kranken Nachbarn» denken. Mir tut es immer gut, mit Dir an ihrem Bett zu stehen. Und wenn Janna uns dann beide unbedingt gleichzeitig in den Arm nehmen muß, dann spürt sie wohl auch etwas von dieser Geborgenheit! Ihr Schlaf ist jedenfalls fast immer ruhig und tief.

Ich muß in letzter Zeit immer wieder an unsere Geburtsanzeige für Janna denken. Darauf stand ja: «Zwei Dinge von bleibendem Wert können wir unseren Kindern mitgeben: Wurzeln und Flügel.» Beides wird sie brauchen, in jedem Lebensalter. Als Forderung an uns selbst aber scheint mir das fast eine Über-Forderung. Ich möchte Janna jedenfalls manchmal gar nicht so gerne fliegen lassen! Darum bin ich froh darüber, daß wir bei ihrer Taufe versprochen haben: «Ja, mit Gottes Hilfe.»

Liebe Griet,
dieses «Ja, mit Gottes Hilfe» ist auch mir sehr wichtig. Wir als Eltern, wir tun unser Bestes, nach bestem Wissen und Gewissen, dennoch bleiben viele Unwägbarkeiten der Zukunft für Janna bestehen. Unwägbarkeiten, die jenseits unserer Reichweite liegen. Sie wird sich nicht immer nach unseren, nach meinen Vorstellungen entwickeln – vielleicht geht sie einmal ganz andere Wege. Von Beginn an weiß ich, daß wir nicht über ihre Wege entscheiden können, aber mit Gottes Hilfe weiß ich ebenso, daß er sie begleitet auch auf den anderen Wegen. Er wird sie auch dort tragen, wo unsere Reichweite und Fürsorge am Ende ist.

Fast scheint es mir, *als hätten wir Janna nur von ihm geliehen* für eine kleine Weile, die – so Gott will – möglichst lange dauert.

Aber sie wird uns überleben, wird ihr Leben leben, vielleicht wieder Kinder bekommen.

Mit Janna wird mir immer mehr bewußt, wie sehr alle Welt um uns herum geliehen ist – geliehen von den Generationen nach uns, die auch noch auf dieser Welt leben möchten. Janna hat in mir Verantwortung angestiftet und geschärft für die Zukunft. Für mich war der Satz immer verkehrt: «In diese Welt kann man doch keine Kinder setzen!» Zu leicht war er als Aufforderung zu verstehen: «Nur ruhig weiter so!» Es kann nicht richtig sein, wegen der schlechten Welt keine Kinder mehr zu bekommen. Vielmehr muß es darum gehen, wegen der Kinder für eine bessere Welt einzustehen. Janna, das eigene Kind, läßt mich verantwortlich mit der Welt umgehen, weil sie mehr als nur uns zum Leben braucht.

Das hat für mich auch etwas mit *Wurzeln und Flügeln* zu tun. Janna soll immer spüren, daß sie ein geborgenes Zuhause hat, daß sie eine Herkunft hat wie ein Basislager. Flügel heißt für mich als «Basisvater», daß ich Janna zugestehe, auch eine Zukunft zu haben, die über das Basislager hinausgeht. Was in meiner Macht steht, jenseits des familiären Basislagers in der Welt regulierend einzugreifen, will ich wahrnehmen. Es fliegt sich leichter bei ruhigem Wind als bei Sturm. Aber Janna bestimmt die Richtung, ihre Richtung, um vielleicht immer wieder zum Nest zurückzukehren.

Ich kann Janna nur deshalb Flügel wünschen, weil ich weiß, daß Gott die Luft ist, die ihre Flügel trägt. Das soll auch Janna selbst bald wissen und sich darauf verlassen können. Auch wenn mir das Tischgebet ganz verloren war, erinnere ich mich mit Janna gerne wieder daran: Diese kleinen, einfachen Gebete handeln von der Luft, die wir alle unter unseren Flügeln brauchen – auch wir großen Kinder.

Zum Schluß möchte ich Dir noch schreiben, wie sehr ich es genieße, mit Dir in Janna selbst noch einmal ein Stück Kind sein zu können. Es macht Spaß, mit Dir und Janna die Welt noch einmal mit Kinderaugen zu sehen, oder zu dritt auf dem Boden herumzutollen und die gegenseitige Nähe zu spüren. Familie heißt mir immer mehr: gemeinsam Kind zu sein.

(Griet Petersen und Daniel Szemerédy)

Eure Kinder sind nicht eure Kinder

Und ein Weib, das ein Kind an der Brust hielt, sagte: Rede uns von den Kindern. Und er sprach also:

Eure Kinder sind nicht eure Kinder.

Es sind die Söhne und Töchter von des Lebens Verlangen nach sich selber.

Sie kommen durch euch, doch nicht von euch.

Und sind sie auch bei euch, so gehören sie euch doch nicht.

Ihr dürft ihnen eure Liebe geben, doch nicht eure Gedanken,

Denn sie haben ihre eigenen Gedanken.

Ihr dürft ihren Leib behausen, doch nicht ihre Seele,

Denn ihre Seele wohnt im Hause von Morgen, das ihr nicht zu betreten vermögt..., selbst nicht in euren Träumen.

Ihr dürft euch bestreben, ihnen gleich zu werden, doch suchet nicht, sie euch gleich zu machen.

Denn das Leben läuft nicht rückwärts, noch verweilet es beim Gestern.

Ihr seid die Bogen, von denen eure Kinder als lebendige Pfeile entsandt werden.

Der Schütze sieht das Zeichen auf dem Pfade der Unendlichkeit, und Er biegt euch mit Seiner Macht, auf daß seine Pfeile schnell und weit fliegen.

Möge das Biegen in des Schützen Hand euch zur Freude gereichen.

Denn gleich wie Er den fliegenden Pfeil liebt, so liebt Er auch den Bogen, der standhaft bleibt.

(Kahlil Gibran: «Von den Kindern», aus: Der Prophet, Olten/Freiburg 1972: Walter-Verlag, S. 16f)

6. «Wie schön, daß du geboren bist...»

Den Geburtstag feiern und dem Geburts-Tag nachdenken

«Wie schön, daß du geboren bist,
wir hätten dich sonst sehr vermißt...»

Ohne dieses Lied wäre für unsere Kinder ihr Geburtstagsfest kein richtiges Geburtstagsfest mehr.

Es sind wohl zwei Gründe, weshalb ihnen dieses Lied am Geburtstagsmorgen (und gerne noch öfter am Tag) gesungen werden muß:

Es ist einmal die Aussage dieser schlichten Zeilen: Wir sind froh, daß du bei uns bist; wir haben dich lieb, so wie du bist; wir haben dich gewollt, und die Geschichte, die wir mit dir gemeinsam leben, bestätigt unseren Wunsch und hat ihn nicht ausgelöscht... Und das singen wir heute wieder lauthals trotz allem, was in den vergangenen 365 Tagen sonst noch zwischen uns gewesen sein mag.

Akzeptiert sein ohne Bedingungen, bejaht sein in den zurückliegenden Entwicklungsschritten, wie schwer sie manchmal auch gewesen sein mögen: das erleben zu können, ist wohl der wesentliche Inhalt eines Geburtstages.

Aber dieses Erleben braucht Verständigungsformen: *Rituale und Symbole*, z.B. eine *«Erkennungsmelodie»*. Zu der ist bei uns dieses Lied geworden. Es könnte auch ein anderes sein, aber immer wiederkehrend dasselbe, das wäre wichtig.

Um dieses Lied herum ist ein ganzer Kranz von Ritualen und Symbolen gewachsen, die alle signalisieren: Heute ist dein Geburtstag, du bist der Mittelpunkt, wir feiern dich und freuen uns über dich und mit dir.

Was gehört zu einem Geburtstagsfest?

• Dazu gehören natürlich die *Geschenke*. Ein gelungenes Geschenk baut eine Brücke zwischen dem Beschenkten und dem Schenkenden.

Ein gelungenes Geschenk kann *erwartet* sein: Der oft geäußerte Wunsch geht in Erfüllung. Am spürbarsten vielleicht, wenn ein Erwachsener über seinen eigenen Schatten springt. Über kaum ein Geschenk hat sich unser Florian so gefreut wie über die Spritzpistole, die ihm sein Vater trotz eigenen Widerwillens gegen Kriegsspielzeug gekauft hat; und Kristina genießt die Barbie-Puppe, die ihre Mutter aller Ablehnung dieses Weibchenklischees zum Trotz gekauft und mit verschiedener Garderobe ausgestattet hat. Beides waren oft und hartnäckig geäußerte Wünsche – ein Festtag, an dem sie in Erfüllung gingen, weil in dem Geschenk eben ein Bedürfnis über Bedenken hinweg akzeptiert wurde.

Ein gelungenes Geschenk kann auch eine *Überraschung* sein: Unerwartet kommt etwas – und es paßt. Aber, wie gut muß man ein Kind kennen, um zu wissen, was ihm jetzt entspricht, was jetzt «dran» ist. Das kann ja so verschieden sein von dem, was vor vier Wochen wichtig war. Darum ist es vernünftig, wenn Großeltern und Paten anrufen und fragen, was denn zum Geburtstag Freude machen würde. Und doch ist die Frage auch für Eltern nicht immer leicht zu beantworten.

Sicher spielt zumindest ab dem Kindergartenalter der ausgegebene *Betrag* eine Rolle, vor allem deshalb, weil das Sozialprestige, das das Geschenk in der Kindergruppe bringt – und das ist sehr wichtig – oft am Preis hängt. Aber wer weiß, daß ein Kind gerade intensiv mit schnellen Flugzeugen beschäftigt ist, der kann auch mit einer Postkarte von einer Concorde Freude machen und nicht nur mit einem teuren Modellbausatz. Im übrigen können wir von unseren Kindern nicht erwarten, daß sie über materielle Gesichtspunkte bei Geschenken erhabener sind als die Welt, in der sie leben.

• Zu den Geschenken gehören auch die *Briefe* und *Anrufe:* Sie denken an mich, pünktlich zu meinem Festtag, alle, die schreiben, einen Brief malen, freundliche Worte sagen… Und von nah und fern kommen die Glückwünsche; sogar die Tante aus Berlin und der Onkel aus Guatemala haben geschrieben, und die Post hat alles pünktlich befördert…

Erst an den eigenen Kindern habe ich gelernt, wie bedeutsam es sein kann, einem Kind, das man kennengelernt hat, ein Zeichen zu schicken, das einfach heißt: Ich habe dich nicht vergessen.

• Natürlich gehören *Kerzen* dazu: die Taufkerze, die an den Ursprung erinnert, und die wachsende Zahl der Jahreskerzen, die für das erreichte Alter stehen.

• Dann ist bei uns ein Holzplättchen wichtig geworden, auf das die jeweilige *Geburtstagszahl* gesteckt werden kann: vier für die Kristina, 40 für die Mama oder 68 für den Opa. Das muß sein, auch wenn die Kinder noch keine Zahlen lesen können. Offensichtlich kennzeichnet dieses unscheinbare Zubehör einen Tisch eben als Geburtstagstisch, weil es, anders als z.B. die Kerzen, zu keinem anderen Fest Verwendung findet.

• *Blumen* müssen sein, vielleicht, weil manchmal «wichtige» Gäste Blumen bringen und Blumen deshalb irgendwie die Bedeutung des Anlasses signalisieren.

• Dann gibt es einen festgelegten Ritus für das *Auspacken* und Betrachten der Geschenke und für das anschließende Frühstück… Rituale schaffen Sicherheit in solchen emotional außergewöhnlichen Situationen. Und deshalb sind sie wichtig.

• Zu den Riten gehört bei uns auch, daß am *Abend vor dem Geburtstag* die *Fotoalben* aus dem Regal genommen und rückwärts bis zur Geburt betrachtet werden. Das geschieht auch sonst gelegentlich, aber vor dem Geburtstag ist es ein Muß.

Er braucht viel Zeit und Ruhe, dieser Weg durch die Lebensjahre zurück an den Ursprung. Da sieht man den heute so flotten Fahrradfahrer, wie er stolz ist, den Kettcar zu meistern; und zwei Jahre weiter zurück, wie er sich auf dem Bobbycar präsentiert. Und man sieht den heute so selbstbewußt Ausschreitenden, wie er seinen ganzen Mut aufbietet, um die Schritte vom Küchentisch zum Herd zu wagen. Wie viel wortloses Erinnern, wie viel aufgeregtes «Weißt du noch…», «Das war doch in…», «Ach ja, das habe ich ganz vergessen…»

Wenn die Kinder dann in ihrem Bett dem Geburtstag entgegenschlafen, ist es sehr schön, wenn den Eltern trotz anstehender Kinderparty *Zeit bleibt,* diesem Geburts-Tag nachzudenken.

Der Geburtstag eines Kindes weckt bei den Eltern, lassen sie sich dazu Raum, wohl eine Menge von Erinnerungen. Nichts greift in das Leben von Erwachsenen so sehr ein wie das Elternwerden. Es verändert das alltägliche Leben und wirft grundlegende Fragen auf, nicht zuletzt auch religiöse. Warum haben wir uns auf das Risiko der Elternschaft eingelassen? Und wie verhalten sich nun die Erfahrungen zu dem Kinderwunsch?

Warum Kinder?

Leicht lassen sich plausible Gründe finden, *warum* jemand *keine Kinder* haben will. Das fängt bei finanziellen Kalkulationen an – schließlich gibt es kaum etwas Kostspieligeres als ein Kind. Das führt über die Kinderfeindlichkeit dieser Gesellschaft und das eigene auf Mobilität und Individualität angelegte Lebenskonzept hin zu Fragen, ob man die Verantwortung für ein Kind, angesichts der eigenen Unzulänglichkeit und angesichts der düsteren Zukunftsprognosen, übernehmen kann.

Für den Verzicht auf eigene Kinder gibt es viele vernünftige Gründe. Die *Entscheidung für ein Kind*, oder mehrere, weist dagegen heutzutage schon eher in Ebenen jenseits des Kalkulierbaren. Da geht es um nichtmaterielle Werte und logisch kaum begründbare Hoffnungen. Ein «Aufstand für das Leben» gegen die Weltanschauung des Habens und Machens wurde die Entscheidung für ein Kind genannt.

In der Tat, Eltern werden wollen geht nicht ohne die rebellische Hoffnung, daß diese Erde trotz allem auch für die nächste Generation ein lebenswerter Ort sein kann. In der Tat, es geht nicht ohne den Glauben, daß unser Kind gedeihen und seine Gaben wird entfalten können, auch wenn es unvollkommene und in vielem ohnmächtige Eltern haben wird.

In der Tat, es geht nicht ohne das Vertrauen darauf, daß das Leben mit einem Kind unser Dasein bereichern wird, auch wenn diese Zeit Beengungen bringen wird, Nachtschlaf und Urlaubspläne, Geld und Spielräume für eigene Hobbies kosten wird. Kinder werden geboren, weil uns das Leben mit Kindern sinnvoller, glücksfähiger, vielgestaltiger erscheint als ohne sie.

In der Tat, es geht nicht ohne die verwegene Kraft, einen Menschen endlos lieben zu wollen. Mag die Beziehung zwischen den Eltern brechen, die Eltern-Kind-Beziehung ist unkündbar.

Mit Kindern leben, nicht für sie

Kindertherapeuten erheben warnend Einspruch: Kinder sind überfordert, wenn sie den Lebenssinn und das Lebensglück der Eltern gewährleisten sollen. Kinder sollen ihr eigenes Leben leben dürfen. Kinder sollen sich von den Eltern schrittweise trennen. Das aber heißt, daß Eltern auch in der Lage sein müssen, ohne Kinder ihrem Leben Sinn und Inhalt zu geben.

Ich kann noch gut die unangenehmen Gefühle erinnern, die ich verspürte, wenn meine Mutter einst sagte: «Ich tu doch alles für dich; ich opfere mich doch für dich auf…» Kein Kind will solche Aufopferung. Sie macht beide unfrei, Eltern und Kinder. Eltern müssen «selbständig» genug sein, um ihre Kinder auch nervig, unerträglich, widerborstig und eigen-sinnig ertragen zu können, ohne daran zu zerbrechen.

Ebensowenig kann von Kindern erwartet werden, daß sie die

ungelebten Träume ihrer Eltern verwirklichen. Kinder können nicht den schulischen Erfolg liefern, den sich der Vater vielleicht selbst verbaut hat; Kinder können nicht die sexuelle Freiheit leben, die den Eltern verwehrt blieb; Kinder können nicht die Bewunderung bringen, die zu kurz gekommene Eltern gerne hätten.

Sein eigenes Leben leben in intensiver Verbundenheit mit Kindern, die eigenes Leben leben dürfen, das also wäre der Nährboden für eine Elternschaft.

Dies ist keinesfalls eine selbstverständliche Einstellung zu Kindern. Sie greift derzeit u. a. Platz in den in vielen Ländern geführten Debatten um die *«Rechte des Kindes»*. Auch nach deutschem Recht hatten Kinder bisher keine eigenen Rechte, sondern nur von den Eltern abgeleitete. Es ist noch gar nicht lange her, daß der juristische Begriff der «elterlichen Gewalt» abgelöst wurde von dem der «elterlichen Sorge». Hat ein Kind Rechte gegenüber den Eltern, etwa wenn die Eltern sich trennen wollen oder den Wohnort verändern? 1924 wurden zum ersten Mal von der Vorgängerorganisation der UNO Kinderrechte proklamiert, 1989 wurden sie als UNO-Konvention vorgestellt und dann von vielen Staaten, inzwischen endlich auch von der BRD, unterzeichnet.

Obwohl rechtlich erst ganz am Ende dieses «Jahrhunderts des Kindes» eingelöst, hat diese Wahrnehmung des Kindes als eines eigenständigen Geschöpfs, über das die Eltern nicht verfügen, sondern das ihnen auf Zeit anvertraut ist, eine lange Geschichte. In vielen Religionen und Weltanschauungen ist das Kind ein werdender Mensch, ist, um ein ganzer Mensch zu werden, Objekt der Belehrung und Erziehung der Erwachsenen. So war es auch im antiken Griechenland, wo Kinder erst durch Bildung Menschen wurden, und im alten Judentum, wo sie erst der Tora-Schulung bedurften. Ziemlich einzigartig nimmt sich die Position Jesu aus, der Kinder (wie auch Frauen, Kranke und Fremde) als vollwertige und eigenständige Geschöpfe Gottes bezeichnete. In einer Schlüsselgeschichte heißt es von Jesus: «Er stellte ein Kind in die Mitte» seiner Jüngerinnen und Jünger. Für Jesus haben Kinder und Eltern denselben göttlichen Vater, miteinander beten sie zu Gott «Vater unser...», sie sind zueinander also in der Position gleichberechtigter Geschwister. Und so kann Jesus ohne Ironie die

Kinder als Vorbilder der Erwachsenen in Sachen des Glaubens und der Lebensgestaltung bezeichnen: «So ihr (Erwachsenen) nicht werdet wie die Kinder...». Diese Position des Kindes drückt sich in der Kindertaufe aus (s. Kap. 7).

Eine solche Bestimmung des Eltern-Kind-Verhältnisses ist keineswegs selbstverständlich. Nicht zufällig hat sie einen religiösen Ursprung, auch wenn sie ohne bewußten Bezug darauf vertreten werden kann.

Inzwischen gibt es eine ganze Reihe pädagogischer und psychologischer Entwürfe, die diese Eigenständigkeit, Subjekthaftigkeit, diese Rechte des Kindes ausdifferenzieren und vertreten. Besonders bekannt geworden ist der polnische Arzt und Pädagoge Janusz Korczak, der mit den Kindern des jüdischen Waisenhauses in Warschau ins Vernichtungslager Treblinka ging. Er hat – oft zitiert und immer wieder bedenkenswert – vier unveräußerliche *Grundrechte des Kindes* formuliert:

«1. Das Recht des Kindes auf seinen Tod, d.h. das Recht auf das Leben mit allen Risiken.
2. Das Recht des Kindes auf den heutigen Tag.
3. Das Recht des Kindes, so zu sein, wie es ist.
4. Jederzeit einen Menschen zu haben, dem es sich anvertrauen kann.»

Nun sind sie weit ausgeschweift, die Gedanken des Vaters vor dem 6. Geburtstag seines Sohnes. Der Terminkalender ist zum Glück so geplant, daß dafür Raum ist an diesem Vorabend. Sich füreinander Zeit einräumen, das ist ja eine der wesentlichen Ausdrucksformen von Liebe. Denn die Gedanken sollen vor allem auch zurückgehen in die ganz spezielle Geschichte des Lebens mit diesem Kind.

Nein, so weitgespannt waren die Überlegungen einst am Anfang dieses Menschenlebens nicht. Es war viel mehr verspielte Lebensfreude, sexuelle Lust, risikobereite Neugier dabei. Dann kamen neun Monate Schwangerschaft mit Freude und Beschwerden, mit Einschränkungen und Nestbau, mit Stolz und Bangen, Hoffnungen und Ängsten.

Nicht nur der Name «Geburtstag» läßt die Erinnerungen an

diesem Tag immer wieder auf das Erlebnis der Geburt des Kindes zurückgehen. Viele Eltern, durchaus auch sehr nüchterne, benutzen den durch und durch religiösen Begriff «Wunder», wenn sie von der Geburt ihres Kindes sprechen. Kinder fangen nicht nur irgendwann einmal an, religiöse Fragen zu stellen, ein Kind ist in sich selbst ein Bündel religiöser Fragen. Woher kommt dieses Leben, wo wird es hinführen? Was wird ihm Sinn geben und Ziel? Werden wir die Kraft haben, diesem Kind gute Eltern zu sein? Wer wird bei ihm sein, wenn wir es nicht sein können? Wird sein Leben glücklich sein oder verzweifelt, gesegnet, oder wird es sein Leben verfluchen? Fast unwillkürlich greifen viele Eltern auf religiöses Vokabular zurück, wenn sie schildern, was sie bei der Geburt ihres Kindes fühlten und dachten.

Ich denke, es ist sehr gut für uns Eltern, all dem erinnernd Raum zu lassen an so einem Geburtstag. Es gibt neuen Anstoß gegen die Verflachungen unseres alltäglichen Lebens mit Kindern.

Zwischen dem «Wunder der Geburt» und diesem Geburtstag liegen sechs Jahre. Was ist wunderbar geblieben? Was hat sich nicht aufgelöst in Fragen der Lebensorganisation? Zerplatzt sind jedenfalls sicher die Vorstellungen von einer Idylle, Vorstellungen einer konfliktfreien Harmonie mit dem Kind. Es ist ein eigenes, eigensinniges Wesen. Helfen wir ihm zu seiner Selbständigkeit, oder sind wir dabei, es nach unserem Bilde formen zu wollen? Reiben wir uns an seinem Anderssein, oder können wir es bejahen, uns daran freuen? Und auf der anderen Seite: Haben wir Eltern uns genug Selbständigkeit erhalten, oder binden wir das Kind zu sehr an uns und uns an das Kind? Was lernt es von uns, und was wollen wir wieder neu von dem Kind lernen?

Nun gut: Morgen wird Kindergeburtstag sein. Und er wird nicht nur für den Sechsjährigen wichtig sein. Mit ihm feiern die Eltern ihr Elternsein, dankbar und hoffend darauf, mitzuwachsen.

Und so kann ein streßarmer 6. Geburtstag aussehen

Bei uns finden in der Regel zwei Feiern statt: am Geburtstag selbst mit Kindern und am folgenden Wochenende mit erwachsenen Gästen.

Zum *Fest mit Kindern* darf das Geburtstagskind so viele Kinder einladen, wie es Jahre alt ist – und dann noch ein Kind mehr – Geschwister zählen nicht. Ob wir das auch noch machen werden, wenn unsere Kinder 15 oder 16 Jahre alt werden, wissen wir nicht...

Schön, wenn zum Kindergeburtstag auch ein oder zwei Erwachsene kommen, die für die Kinder da sind. Zwei Spielphasen und dazwischen die Geburtstagstafel von etwa einer halben Stunde Dauer haben sich bewährt. Die erste Spielrunde, von 14 bis 15.30 Uhr etwa, fällt natürlich am leichtesten, wenn alle draußen sein können und Such- und Geschicklichkeitspiele gemacht werden. Muß drinnen gefeiert werden, so sind ein paar Spielmöglichkeiten vorbereitet (z. B. Wurfspiele mit gefahrlosen Wurfpfeilen; Autorennen, wobei die Autos jeweils an eine Schnur gebunden sind, die auf eine Klopapierrolle aufgewickelt werden soll).

Die Geburtstagstafel, bewußt festlich und mit gutem Geschirr gedeckt, wird gemeinsam eröffnet. Die Kinder sind Gäste, die von Erwachsenen bedient werden. Fast alle Kinder passen sich gerne einem etwas feierlich-gehobenen Ritual an, wenn es nicht zu lange dauert. Zur Geburtstagstafel gehören dann auch Geburtstagslied und Glückwünsche und, falls noch nicht geschehen, auch das Auspacken oder Vorführen von Geschenken. Die Gäste finden es schön, wenn ein Erwachsener ein wenig aus dem Leben des Geburtstagskindes erzählt. Das kann auch in ein kurzes Dankgebet münden.

Die zweite Spielrunde nach der Tafel kann in diesem Alter am einfachsten mit einer Verkleidungskiste bestritten werden. Aus alten Kleidern kreieren die Kinder Phantasiekostüme. Ältere können sich zusätzlich mit Theaterschminke schminken und neue Frisuren machen. Meist fangen die Kinder dann auch ohne weitere

Vorgaben an zu spielen. Man kann natürlich auch eine «Modenschau» organisieren. Ein, zwei Stunden vergehen wie im Flug, ohne Konkurrenz, ohne Süßigkeiten, ohne Streß...

Ist diese Idee schon zu oft strapaziert (den Kindern wird sie selten zu viel), so kann auch auf einem möglichst großen Papierbogen gemeinsam gemalt werden. Letztes Mal haben wir aus Holzabfällen Schiffchen zusammengenagelt und bemalt, die dann anschließend im nahen Bach zur Jungfernfahrt aufbrachen... Und bei Nachbarskindern war an einem kalten Tag ein großer Erfolg, Fimo-Figuren zu formen und auf den Deckel eines leeren Marmeladeglases zu kleben. Mit Wasser und «Schnee» oder Glitzermaterial gefüllt entstehen so selbstgebaute Zaubergläser ... Eine gemeinsame Schlußrunde, in der das Geburtstagskind nochmals in den Mittelpunkt rückt, sorgt für den festlichen Abschluß.

Mit einem an dem Nachmittag geschossenen Foto kann ein paar Tage später nochmals den Gästen gedankt werden.

Zum *Fest mit den Erwachsenen* sind Großeltern, Patin und Pate samt Anhang und vielleicht auch Freunde der Familie, die sich auf ein Kind einlassen mögen, da. Auch hier soll das Geburtstagskind zumindest für einige Zeit im Mittelpunkt stehen. Dazu kann aber auch gehören, daß einige Erwachsene erzählen, wie sie denn ihren 6. Geburtstag in Erinnerung haben... Wenn sich dann die Erwachsenen untereinander unterhalten, sollte mindestens ein Erwachsener konzentriert Zeit für das Geburtstagskind haben, damit es nicht das Gefühl bekommt, nur der Anlaß für ein Fest der Erwachsenen zu sein. Die meisten Erwachsenen sind auch gerne bereit, mitzuspielen, wenn dem Geburtstagskind eingeräumt wird, Spiele vorzuschlagen, die Anwesende mit ihm spielen sollen. Schön ist auch, wenn der eine oder die andere Erwachsene ein Kinderbuch aus der eigenen Kindheit mitbringt und daraus etwas vorliest oder Bilder aus der eigenen Kindheit mitbringt.

Wenn dann die Erwachsenen gegangen sind, kehrt wieder der Alltag ein. Aber ein Kind zehrt lange davon, einmal im Jahr so in den Mittelpunkt gestellt worden zu sein, und die Erfahrung, wichtig zu sein, beachtet und beschenkt zu werden, verzehrt sich nicht.

Weitere Ideen zur Geburtstags-Gestaltung in Kapitel 9 «Alle Jahre wieder...». Viele detailliert ausgearbeitete Vorschläge für schöne Feste macht Beate Seeßlen-Hurler in dem Taschenbuch «Kinderfeste» (rororo Nr. 8302) aus der Reihe «Mit Kindern leben».

(Egbert Haug-Zapp)

Die Schritte

Klein ist, mein Kind, dein erster Schritt,
Klein wird dein letzter sein.
Den ersten gehn Vater und Mutter mit,
Den letzten gehst du allein.

Sei's um ein Jahr, dann gehst du, Kind,
Viel Schritte unbewacht,
Wer weiß, was das für Schritte sind
Im Licht und in der Nacht?

Geh kühnen Schritt, tu tapfren Tritt,
Groß ist die Welt und dein.
Wir werden, mein Kind, nach dem letzten Schritt
Wieder beisammen sein.

(Albrecht Goes: Die Schritte,
Frankfurt a.M.: Fischer)

7. «Kind, du bist uns anvertraut...»

Die Taufe –

und wie sie gefeiert werden kann

Warum lebe ich? Wozu lebe ich? Was brauche ich zum Leben? Wie fundamental diese Fragen zum Menschsein dazugehören, wie grundlegend wir nach unseren religiösen Wurzeln, Bedürfnissen und Formen gefragt sind, zeigt sich besonders deutlich bei der Geburt unserer Kinder.

Ist es zu verantworten, heute noch Kinder zu zeugen und in diese Welt zu bringen? Die Lebensräume des Menschen sind äußerst bedroht. Wie wird sich die Zukunft eines neugeborenen Kindes gestalten?

So steht hinter dem Entschluß, einem Kind das Leben weiterzugeben, bereits eine religiöse Entscheidung: Eine Leidenschaft für das Leben muß uns erfüllen und die Hoffnung, daß es weitergehen wird.

Was ist das menschliche Leben? Es genügt nicht, in die Welt gesetzt, vielleicht auch mit Speise und Kleidung versorgt zu werden. Der Mensch ist Mensch nur als Kind der Lebensbejahung, als Kind der Hoffnung, als Kind der Liebe.

Wie können die darin enthaltenen Kräfte das Leben und die Erziehung des Kindes deutlich begleiten und prägen? Ein Ritual bald nach der Geburt gibt diesen Gefühlen und Hoffnungen eine feste Form – zunächst nur den Erwachsenen, sehr bald aber über

Erzählungen, Bilder, Gedächtnisfeiern auch dem Heranwachsenden. Dadurch erfährt es, daß es ein Kind der Liebe ist. Und das heißt:

- Du bist gewollt. Du bist nicht zufällig auf der Erde.
- Du bist wichtig. Du bist Teil und Garant des Lebens, das die Erde erfüllt.
- Du bist einmalig.
- Du bist nicht nur Fleisch und Blut. Du hast Anteil am Geist der Liebe und der Kraft, der in allem Lebendigen steckt, den wir je nach unserer religiösen Überzeugung auch «Gott» nennen können.
- Du gehörst in eine Gemeinschaft. Du lebst nicht nur aus dir selbst. Du bist wie wir alle abhängig von Liebe, Sorge und Vergebung.

Diese Grundsätze gelten natürlich nicht nur im Blick auf das Kind, sondern genauso für Eltern und andere Menschen, die Verantwortung für das Kind übernehmen:

- Dieses Kind ist ein Geschenk.
- Dieses Kind ist nicht Besitz seiner Eltern.
- Dieses Kind muß seinen eigenen Weg durchs Leben finden.
- Die Sorge und Verantwortung für dieses Kind bleibt nicht nur an den Eltern hängen. Sie können Schutz und Hilfe von außen erbitten und erhoffen – von der Gemeinschaft, in der sie leben, und vom guten Geist Gottes, der die Quelle des Lebens und des Menschseins ist.

Leben in der Gemeinschaft, von der Gemeinschaft. Deswegen ist es kirchliche Regel, für das Neugeborene *Paten* zu suchen. Früher brauchte man Paten, um Wohnung und Versorgung für die Kinder zu sichern, auch über den oft frühen Tod der Eltern hinaus. Um dieses kümmern sich heute die staatlichen Jugendämter. Aber es ist gut, unter eigenen Freunden und Verwandten zwei oder drei Menschen zu finden, die sagen: Wir wollen auch Verantwortung für dieses Kind übernehmen; weniger im wirtschaftlichen Bereich, dafür aber als «Vorbild» in der Lebensbewältigung, als Ansprechpartner in Erziehungsfragen, als Zeugen für einen bestimmten Glauben. Paten können «die andere» Bezugsperson werden, die für Kinder wichtig ist, wenn sie früh und vertrauensvoll die bunte Vielfalt menschlicher Gesellschaft kennenlernen sollen.

Schwangerschaft und Geburt verändern tiefgreifend. Sie können nicht als alltäglich abgetan werden. Diese Ereignisse brauchen Ausdrucksformen und Rituale, in denen sie verarbeitet werden. Mehr noch gilt dies, wenn die angedeuteten religiösen Bezüge eine Rolle spielen sollen. So ist die *Namengebung* des Kindes für viele Eltern ein wichtiger Akt, in dem sich Lebenseinstellung und -hoffnung zeigt. Das Kind erhält nicht irgendeinen beliebigen Namen, keine Nummer. Dieser bewußt und oft mühsam gesuchte Name wird ausgewählt wegen seiner Bedeutung, wegen seiner Verbindung mit wichtigen vorbildlichen Personen. Ein schönes Patengeschenk ist ein selbst zusammengestelltes Heft zum Namen, seinem Ursprung, anderen Namensträgern.

Leider gibt es bei uns kaum noch Bräuche, mit denen die Verleihung des Namens an das Neugeborene in gebührender Form zu gestalten wäre. Selbst die feierliche Veröffentlichung des Namens durch die Eltern ist nicht mehr vorgesehen. Väter, die voller Stolz die Geburt und den Namen ihres neuen Kindes dem Standesamt selbst anzeigen wollen, müssen um dieses Recht kämpfen. Das erledigt die unpersönliche Bürokratie des Krankenhauses!

Um so wichtiger ist in den Wochen danach die Ausgestaltung eines Festes zur Geburt des Kindes – ein Fest, in dem Bedeutung und Hoffnung dieses neuen Menschen in feierlicher Weise beschrieben, bekräftigt, veröffentlicht wird.

Christen feiern deswegen die Taufe, Juden und Muslime haben das Fest der Darbringung und Beschneidung.

Die Kindertaufe: eine Bevormundung?

Gerade Eltern, die die Selbständigkeit der Kinder von Anfang an achten wollen, zögern im Blick auf die Kindertaufe. Bedeutet sie nicht, über das Kind zu verfügen, seiner freien Entscheidung zuvorkommen zu wollen? Sollte nicht dem Kind überlassen sein, sich zu gegebener Zeit selbst zu entscheiden?

Ganz sicher sollen Freiheit und Eigenständigkeit des Kindes gerade auch in religiösen Belangen sorgfältig geachtet werden. Doch ist es unseres Erachtens ein Trugschluß, zu meinen, dies geschehe dadurch, daß das Kind in einem religiös «neutralen» Raum aufwachsen könne. Jede Erziehung macht dem Kind Vorgaben und muß zugleich die Freiheit des Kindes stärken, sich eigenständig zu diesen Vorgaben zu verhalten: sie zu bejahen, sie abzulehnen oder sie zu modifizieren. Es gibt keine wertneutrale und auch keine religiös neutrale Erziehung. Taufe genauso wie Taufverzicht können der Anfang einer Bevormundung oder der Anfang eines Weges zum Selbständigwerden sein.

Früher als in anderen Lebensbereichen werden Kinder in Sachen Religion «mündig». Die Teilnahme am Religionsunterricht in der Schule ist freiwillig, schon mit 14 Jahren können Jugendliche aus der Kirche austreten oder Ämter übernehmen. Vermutlich fällt es einem Kind, das getauft und im Kontakt zu kirchlichen Angeboten aufgewachsen ist, leichter, Abschied von der Kirche zu nehmen, als daß ein Kind, das kirchlich abstinent aufgewachsen ist, den Weg zu ihr frei wählen kann.

Wo die Taufe als ein Akt verbindlicher Glaubensentscheidung gesehen wird, da muß sie aufgeschoben werden. Aber wie lange? Wann ist ein Mensch selbständig genug, eine endgültige Entscheidung in Sachen Glauben zu treffen? Die Taufe kann aber auch gesehen und vollzogen werden als Ausgangspunkt eines gemeinsamen Weges, auf dem die Eltern gerade die Freiheit ihres Kindes zu respektieren und zu stärken versuchen und gleichzeitig ihre eigene Position klarstellen.

Eltern, die ihr Kind taufen lassen, benennen damit ihren religiösen Ort und die Gemeinschaft, in der sie ihren Glauben zu leben versuchen. Eltern, die ihr Kind taufen lassen, verpflichten damit sich selbst – und nicht zuerst das Kind: Sie verpflichten sich, in ihrem Kind ein eigenständiges Geschöpf Gottes zu sehen und nicht ihren Besitz, sie übernehmen ihre Verantwortung und bekennen sich zu ihren Grenzen, sie suchen nach einer Quelle der Hoffnung für das Gelingen des Lebens ihres Kindes. Sie wollen ihrem Kind damit nicht seinen Weg vorschreiben.

In der *Tauffeier* und der Ausgestaltung des *Tauftages* sollten also die eigenen «religiösen» Einstellungen ihren Ausdruck finden. Gut ist es, wenn Eltern und Paten zusammen mit aufgeschlossenen Pfarrerinnen und Pfarrern die alten christlichen Rituale mit neuem Leben füllen können.

Die katholische Tauftradition hält viele schöne *Symbolhandlungen* bereit: Wie leicht vernachlässigen wir evangelischen Christen den Gebrauch unserer Sinne und werden wie blind, taub, verschlossen, stumm und lahm. *Die Salbung* der einzelnen Körperteile soll die Hoffnung stärken, daß dies nicht so sein muß. Dieses Kind soll ein Leben haben, das wirklich Leben ist: in die Dinge hineinsehen, auch mit dem Herzen sehen lernen, den Sinn der friedens- und lebensschaffenden Worte verstehen, die Hände öffnen und für den Frieden handeln, die Sprache des Herzens finden, die Füße in das Reich des Friedens lenken und das Leben atmen, den Duft der Schöpfung riechen und den Wohlgeruch der Freiheit.

Die Handauflegung: Der Mensch kann nur Mensch sein, wenn er bejaht wird. In der Taufe erleben wir menschliche Nähe, die aber umspannt wird von der Nähe Gottes. Dem Kind wollen wir Treue versprechen: Wir geben dich nicht auf, auch wenn du falsche oder andere Wege als wir gehen solltest. Wir bejahen dich so, wie du bist, jetzt und immer. Zum Zeichen dafür legen alle dem Kind die Hände auf.

Die Namengebung: Die Eltern erzählen, warum sie ihrem Kind diese Namen ausgesucht haben. In der Taufe verspricht Gott, diesen Namen zu schützen und zu bewahren. Er macht ihn sich zu eigen. Dieses Kind ist auch sein Kind. Er übernimmt auch Verantwortung.

Das Licht: Christus ist das Licht der Welt, das in unseren Alltag hineinstrahlt. Denn auch wir Menschen können Licht sein. Dieses

Kind soll ebenfalls Licht sein. Deswegen erhält es jetzt seine brennende Taufkerze, die an jedem Geburtstag, an jedem Tauftag wieder leuchten soll.

Das Wasser: Es macht frisch und lebendig, sauber und rein, stillt den Durst. Im Wasser ist Leben für Pflanzen, Tiere, Menschen. Vor dem Wasser rettet Gott den Menschen wie Noah in der Arche aus der Sturmflut, wie Mose aus dem Meer der Feinde. Wie Jona nach drei Tagen aus dem Bauch des Fisches wieder ins Leben kam, so starb Jesus Christus und erstand wieder auf. In ihn wollen wir eintauchen und aufleben – wir und dieses Kind. (Vgl. dazu Anton Rotzetter: «Gott, der mich atmen läßt.», Freiburg 1985.)

Ein Beispiel: Johannas Tauffest

Die Taufe des vierten Kindes erforderte besondere Aufmerksamkeit. Das Nesthäkchen wird später immer mit der Angst zu tun haben, überall zu kurz zu kommen, nur benutzte, abgelegte Kleidung auftragen zu müssen usw.

Johannas Taufe sollte deswegen ganz eigene Züge tragen – also auch Feierelemente enthalten, die es in unserer Familie noch nie gegeben hatte. Unverwechselbare Erinnerungspunkte und Gedächtnisstützen sollten geschaffen werden.

- Wir konnten uns bei Gott, dem Schöpfer, für ein neues Leben bedanken. Also sollte an diesem Tag ein öffentlicher Gottesdienst gefeiert werden, in dem die Freude an der Natur eine wichtige Rolle spielte.
- Wir durften neues Leben feierlich begrüßen. Also wollten wir dabei neue Lebensmöglichkeiten, neue Lebensräume entdecken und ausprobieren.
- Wir wollten uns auf die Grundlagen eines gesegneten Lebens besinnen. Deswegen war es uns wichtig, die Zusammengehörigkeit mit Familie, Freunden und Nachbarn zu erneuern und zu vertiefen.

Gefeiert wurde in einem kleinen Dörfchen. Die Kirche steht im zwei Kilometer entfernten Dorf. Also mußte sich zwischen diesen beiden Orten das Fest entwickeln.

Geladen wurden Gäste aus drei Bereichen: Verwandtschaft aus beiden elterlichen Familien, Freunde aus den letzten Jahren, Nachbarn. So kamen 60 Personen zusammen.

Und so lief das Fest ab: Um 13 Uhr begann eine Prozession. Erster unvergeßlicher Höhepunkt des Tauffestes war der Weg zur Kirche, ein Spaziergang durch ein Wiesental – die Kirche dabei immer vor Augen.

Vorneweg die Hauptperson in ihrer «Taufsänfte» – man hatte Johannas Babywippe auf zwei Besenstiele gebunden; so konnten zwei Personen das Kind wie eine Prinzessin tragen. Vier andere spannten ständig ein buntes Tuch als Baldachin darüber – zum Schutz vor der heißen Sommersonne. Dahinter die Gäste, alte und junge, manche in einem Bollerwagen, Bekannte beieinander, neugierig, interessiert an den Unbekannten, die da mit zur Kirche zogen. Vorsichtige Annäherungen, Geplauder, Gespräch. Die Dorfleute rätselten darüber, wann sie zum letzten Mal zu Fuß zur Kirche gegangen waren – früher ja immer, heute nur noch mit dem Auto.

Um 14 Uhr Gottesdienst. Walther, ein befreundeter Pfarrer, hatte die Gestaltung übernommen. Er begrüßte alle und lud zum ersten Lied ein: «Hört, wen Jesus glücklich preist…»

Danach versuchten wir wahrzunehmen, wer alles da war: «Hier in der Kirche sind viele verschiedene Leute zum ersten Mal zusammen. Deswegen stellen wir uns jetzt gegenseitig vor. Wir freuen uns, daß wir alle zusammen feiern können – zusammengebracht durch dieses Kind Johanna, zusammengeführt durch unsere Freundschaft, zusammengehalten durch Jesus und seinen Geist der Liebe.»

Die Taufe verlief dann ganz im traditionellen Rahmen. Der Pfarrer schenkte Johanna zum Schluß eine große Taufkerze. Sie wurde entzündet. Aber in der blauen Schatzkiste, die mitgeführt worden war, gab es noch viele Kerzen. Jeder erhielt eine. Alle leuchteten auf. Ein schöner Anblick in der dämmrigen Kirche – ein blasses Licht aber gegen die strahlende Sonne, in die wir wieder hinaustraten.

Walther hatte vorher noch eine Bemerkung zum weiteren Ver-

(Aus: F. K. Barth/G. Grenz/P. Horst (Hg.): Gottesdienst menschlich, Wuppertal 1990: Peter Hammer)

lauf des Tages gemacht, zum Taufbuch und zur Schatzkiste, in die nun die erbetenen Erinnerungsstücke eingelegt werden könnten.

Um 15 Uhr dann der Rückweg, laut und fröhlich. Es ging bergab. Jeder wollte einmal Johanna auf ihrer Sänfte tragen. Sie ließ sich das alles behaglich und in großer Freude gefallen, selbst als es die letzten Meter in schnellem Galopp über Stock und Stein ging. Alle hatten Durst. Alle hatten Hunger. Einige waren mit einem Auto vorausgefahren, um den Kaffee zu bereiten.

Zum Kaffeetrinken verteilte sich die große Gesellschaft auf die verschiedenen Räume. Die meisten Kuchen waren von den Gästen (als Teil des Taufgeschenkes) mitgebracht worden. In der Küche stand das Kuchenbuffet, an dem sich jeder selbst bediente. Die Kinder spielten und tobten bald wieder im Garten und in der

Scheune, die Erwachsenen sahen ihnen zu, taten mit oder saßen in kleinen Gesprächsgrüppchen beisammen.

Danach kamen alle im größten Raum zusammen. Die Geschenke wurden ausgepackt, die Erinnerungsstücke in der Schatzkiste bestaunt und man las aus den vielen Blättern vor, die fürs Taufbuch mitgebracht (oder geschickt) worden waren.

Taufbuch

Mit der Einladung waren einige Blätter (DIN A4) verschickt worden, die eine Gestaltungsanregung enthielten, zum Beispiel:

1 «Gute Wünsche zur Taufe am … für Johanna Luise»
2 Ein Leerformular für eine Comic-Seite zum Thema «Ein Blick in die Zukunft: Ein Tag aus Johannas Leben, als sie … Jahre alt war»
3 Eine Bildergeschichte, in der die Sprechblasen mit Text gefüllt werden müssen, unter dem Stichwort: «Aus dem Leben eines Paten erzählt von …»
4 Ein Blatt mit viel freiem Platz zum Bildereinkleben. Text: «Liebe Johanna Luise! Ich habe an deiner Taufe am 16.8.1981 teilgenommen. Ich kam dazu aus … angereist. Sieh Dir die Bilder an, wo ich herkomme. Dein …»
5 Ein weiteres Blatt für Bilder mit der Unterschrift: «Liebe Johanna Luise! Ich habe Deine Taufe mitgefeiert. Ich war auch einmal klein: Deswegen klebe ich Dir ein Kinderbild von mir auf. Dein …»

Diese Blätter regten Paten, Tanten, Onkel, Cousinen, Freunde an, Geschichten von sich aufzuschreiben, Bilderbuchgeschichten zu zeichnen oder zu kleben; die Nachbarn schrieben Geschichten aus dem Dorf auf.

Schatzkiste zur Taufe

Die Gäste wurden mit der Einladung auch gebeten, «einen schönen oder wichtigen oder symbolischen Gegenstand mitzubringen, vielleicht mit einer angehängten Erklärung. Wir wollen eine

Schatzkiste für unseren Täufling anlegen. Der Gegenstand sollte etwas mit dem zu tun haben, was Ihr fürs Leben sehr wichtig haltet. Die Bedeutung kann sich für das Kind vielleicht erst viel später erschließen.»

Beispiele, was in solch einer Schatzkiste liegen kann:
Eine dicke Taufkerze – eine dünne Kerze, wie alle Gäste sie im Gottesdienst benutzten – ein Glaselefant (mit Wunschzettel: «Ein dickes Fell, darunter eine sensible Seele, Füße, die fest auf der Erde stehen, die Kraft, Bäume auszureißen und viel Wohlgefühl mitten in der Herde, das wünsch' ich Dir.») – ein Silberkettchen mit Herzanhänger – zwei biblische Bilderbücher – auf einer Karte aufgeklebt: ein silbern glitzernder Stein («Diesen Stein habe ich selbst auf der Insel Elba aus dem Felsen gehauen. Du kannst Dir ein Schmuckstück daraus machen.») – eine Kupfermünze («Diese Münze habe ich aus Tansania mitgebracht; interessierst Du Dich für dieses Land, dann erzähle ich Dir gern mehr davon.») – ein Nußknacker («Liebe Johanna, wir wünschen Dir, daß Du auch ganz harte Nüsse knacken kannst.»).

Wir sangen noch einmal die Lieder aus der Kirche, danach verabschiedeten sich die ersten Gäste. Andere blieben, richteten das Buffet der mitgebrachten Salate. Der Grill wurde in Gang gesetzt für die Würstchen und die Schwenksteaks. Wer über Nacht bleiben konnte, genoß den milden Sommerabend im Garten. Dort brannten die Kerzen an vielen Stellen. Gespräche zwischen alten und neuen Freunden. Essen. Trinken. Singen. Lachen.

Johanna aber schlief schon längst. Und wir malten uns aus, wie es sein würde, wenn sie später, an jedem Tauftag, die Schatzkiste öffnen und auspacken würde.

Christliche Taufe bedeutet Zugehörigkeit zur Kirche und wartet auf das selbstgesprochene Glaubensbekenntnis. Daher können Eltern gute Gründe anführen, wenn sie sagen: Mein Kind soll erst getauft werden, wenn es dies selbst entscheiden kann. Aber auch dann ist eine Dank- und Bittfeier mit dem Kind wichtig für Eltern, Geschwister und – im Nachhinein – für das Kind selbst und kann als Fixpunkt und bleibende Erinnerung ausgestaltet werden.

(Paul Martin Clotz)

Auf dem Weg in das Land der Verheißung

Segne dieses Kind, Gott, und hilf uns,
ihm zu helfen.
Daß es gehen lernt
mit eigenen Beinen
auf den Straßen der Erde
auf den mühsamen Pfaden
auf den Spuren des Friedens
in das Land der Verheißung.

Segne dieses Kind, Gott, und hilf uns,
ihm zu helfen.
Daß es fühlen lernt
mit eigenen Sinnen
die Liebe der Menschen
die Frische des Wassers
die Schönheit der Sterne
die Berührung des Windes
den Zorn über Unrecht
auf dem Weg in das Land
der Verheißung.

Segne dieses Kind, Gott, und hilf uns,
ihm zu helfen.
Daß es lächeln lernt
mit eigenen Lippen
in die Augen des Vaters
in das Herz seiner Mutter
in die Schatten der Trauer
auf dem Weg in das Land
der Verheißung.

(Aus: Lothar Zenetti: Sieben Farben hat das Licht, München: Pfeiffer 1975)

8. «Abends, wenn ich schlafen geh ...»

Vom Abendgebet und anderen Einschlafritualen

In jeder Familie gibt es feste Rituale: Verhaltensweisen, Worte, Gesten, durch die Zugehörigkeit erfahren wird. Selten wird darüber nachgedacht, kaum je darüber gesprochen. Rituale gliedern den Tag; sie nehmen uns Entscheidungen ab, schaffen Ruhepunkte im verwirrenden Vielerlei der Ansprüche und helfen, Krisen zu überstehen. Sie sind mehr als bloße Gewohnheiten, aber deshalb sind sie auch verletzlich, können leer und banal werden.

Kommt in diesen Ritualen «religiöse Erziehung» vor? Und wenn ja: Hilft das zu einem lebendigen, veränderbaren Miteinander, oder engt es ein, läßt Entwicklung und Erwachsen-Werden nicht zu? Am Beispiel des abendlichen Einschlaf-Rituals soll darüber nachgedacht werden.

Die ersten Nächte mit einem Neugeborenen

Für viele Eltern sind sie die einschneidende Erfahrung, daß sie nun nicht mehr allein über ihre Schlafenszeit verfügen. Unüberhörbar, mit erstaunlich kräftiger Stimme, meldet der winzige

Mensch seine Bedürfnisse an. In dieser ganz und gar fremden Welt sucht er nach dem einzig Vertrauten: der wärmenden Nähe des mütterlichen Körpers, dem Geräusch ihres Herzschlags, ihrer Stimme, der nährenden Brust. Es geht offenbar nicht nur darum, daß Hunger gestillt wird. Es geht darum, daß in der vollständigen Abhängigkeit der ersten Lebenswochen das Grundmißtrauen langsam einem Gefühl des Grundvertrauens weicht. Das zuverlässige Da-Sein der Mutter, des Vaters oder eines anderen Menschen ist dafür lebensnotwendig; ein Zuviel an Zuwendung kann es in dieser Zeit nicht geben. In diesen Wochen, in denen das Kind leben lernt, lernen die Erwachsenen, Eltern zu sein – und beides ist nicht nur schön, sondern auch schwer. In das Glück über das neue Leben mischt sich die Sorge über seine Zukunft, in die Freude über das Gebrauchtwerden die Angst um die eigene Freiheit. Es ist eine Zeit schwankender Gefühle, zwischen Übermüdung und hellwacher Aufmerksamkeit. In dieser Zeit finden Eltern mit dem Säugling ihre ersten gemeinsamen Rituale. Es sind die immer gleichen Bewegungen, mit denen das Kind aus dem Bettchen genommen wird, es sind dieselben Worte, dieselben Namen, die ihm gegeben werden.

Fast unbewußt kommen die alten Lieder, mit denen man selber in den Schlaf gesungen wurde. In der intimen Nähe zwischen Erwachsenem und Kind ist kein Platz für die angelernte Scham über unzureichende Musikalität, die Worte werden nicht kritisch überprüft. Was dem Kind guttut, hilft auch den Erwachsenen. Und die Erwachsenen brauchen Hilfe, wenn sie sich für die Vertrauenswürdigkeit der Welt vor dem Kind verbürgen wollen. Kein Mensch kann einem anderen allein die notwendige Geborgenheit vermitteln. Darum wird in diesen ersten Ritualen all das erinnert und wiederholt, was dem Erwachsenen selbst zum Leben geholfen hat. In der ständig abrufbereiten, umfassenden Liebe erfährt das Kind – vor jedem bewußten Fühlen und Denken –, daß es gut ist, da zu sein.

Dieser unverlierbare Grund des Lebens kann später dazu helfen, an einen Gott zu glauben, der bedingungslos liebt. Für das Kind ist es am Anfang selbstverständlich noch ohne Belang, woher seine Eltern ihr Welt-Vertrauen beziehen. Für viele Eltern wird es in dieser Anfangsphase wichtig, sich neu zu vergewissern, von woher sie leben. Da kann es dann geschehen, daß dem Vater, der sich als nichtreligiös bezeichnen würde, der Vers auf die Lippen kommt: «Morgen früh, so Gott will, wirst du wieder geweckt» –, und er spürt verwundert, daß er damit nicht nur ein Stück Kulturgut vermittelt, sondern eine *verborgene Hoffnung* in sich selbst weckt. Es kann aber auch geschehen, daß ein gewohntes Ritual plötzlich nicht mehr ausreicht, weil von außen her so viel Bedrohung einbricht, daß nach anderer Hilfe gesucht wird.

Eine Mutter erzählt:

«Als der Golfkrieg begann und Gerüchte umgingen, daß Attentate möglicherweise auch auf die Airbase Frankfurt stattfinden könnten, hatte ich solche Angst, als ich Markus in seinem Bett schlafen sah, daß ich mich über ihn beugte und ein Kindergebet von früher sagte (erstaunt, den Text noch zu kennen) und es plötzlich begriff (früher mochte ich es gar nicht), nämlich:

Breit aus die Flügel beide,
oh Jesu, meine Freude,
und nimm dein Küchlein ein.
Will Satan mich verschlingen,
so laß die Englein singen:
Dies Kind soll unverletzet sein.

Danach war die Angst noch immer da, aber ich konnte sie aushalten.»

Tröstende Symbole für erste Erfahrungen von Trennung

In den ersten Monaten lebt das Kind in einer völligen Einheit mit der Mutter oder einer anderen Bezugsperson – wenn es schreit, ist sie da, sie paßt sich ganz und gar seinen Bedürfnissen an. Diese «paradiesische» Zeit muß ein Ende haben. Zunehmend wird dem Kind zugemutet, allein zu sein – und zunehmend lernt das Kind,

Alleinsein zu ertragen in der Hoffnung, daß die Trennung zeitlich begrenzt ist. Erste eigene geistige Aktivität ist nur durch diese Trennungserfahrung möglich. Jetzt entstehen zum ersten Mal Rituale, die das Kind selbst erfindet. D.W. Winicott nennt dies «Übergangsphänomene»: Gegenstände, Gesten, Melodien, Worte, die für das Kind lebenswichtige Bedeutung erlangen. Sie stehen für die Gegenwart der Mutter und können deshalb Angst abwehren. Außenstehende belächeln vielleicht die heftige Liebe, mit der ein Tuch, ein Kissenzipfel, ein Stofftier festgehalten wird. Eltern wissen: Diese Gegenstände dürfen noch nicht einmal für Stunden in der Waschmaschine verschwinden. Das Kind hat in ihnen ein Symbol gefunden, das tröstet und stabilisiert. Hier liegen die Quellen für geistige Kräfte, die den Erwachsenen unentbehrlich sind: erinnern, phantasieren, träumen. Ohne die Erfahrung, daß etwas mehr bedeuten kann, als es ist, ohne ein Verständnis für Symbole wird der Mensch keinen Zugang finden zu Kunst und Religion, wird er es schwer haben, mit anderen gemeinsam gemachte Erfahrungen zu formulieren, wird er in der Gefahr sein, nie über das Sichtbare hinaus zu denken.

Rituale als äußerer Halt für innere Probleme

In ganz anderer Weise als bei den «Übergangsobjekten» (die oft noch im Alter von 5 oder 6 Jahren ihre Bedeutung haben) können Rituale bei der nächsten Entwicklungsstufe helfen. Wenn das Kind gelernt hat, sich auf den eigenen Beinen fortzubewegen, wenn es lernt, die Wohnung zu erobern, die Dinge selbst zu ergreifen und festzuhalten, dann kommt die Zeit, in der das abendliche Zubettgehen zum ständigen Konflikt werden kann. Frühere Elterngenerationen haben mit festen Zubettgehzeiten und mütterlichen oder väterlichen Machtworten versucht, diesen Konflikt aus der Welt zu räumen – gelungen ist ihnen das selten. Aber auch wenn Kinder selber bestimmen können, wann sie schlafen wollen, kann es eine schwierige Situation geben. Sich vom Tag nicht trennen können, zu müde sein, um ins Bett zu finden – wir kennen das als Erwachsene ja auch. Für Kinder, die lernen müssen festzuhalten, ist es schwierig loszulassen. Für Kinder, die gerade erst gelernt haben, «ich» zu sagen, kann durch Müdigkeit alles weggeschwemmt werden, was an Sicherheit da war. Toben, Albernheit, grundlose Verzweiflung – es nützt wenig, wenn die Erwachsenen dann auf das Kind einreden: für Vernunft ist es jetzt nicht zugänglich. In dieser Situation gibt das Ritual den äußeren Halt, der im Innern versagt. Es entlastet, weil alle Beteiligten es schon kennen.

Nicht zufällig gibt es wohl in jeder Familie Zubettgehrituale, mit denen der Abschied vom Tag vollzogen wird und die Angst vor der Nacht in Grenzen gehalten werden soll. Voraussetzung dafür ist: Zeit haben. Hier ist ein Punkt, in dem das eigene Familienritual in Widerspruch gerät zu den gesellschaftlichen Ritualen. Diktiert die Tagesschau oder die Vorabendserie, wann «endgültig Schluß» ist im Kinderzimmer, dann muß sich niemand wundern, wenn das Kind noch sieben Mal auftaucht, um unter allen möglichen Vorwänden den Abschied hinauszuzögern und zu dokumentieren, daß es wichtig genommen werden will. Gerade wenn der Tag sehr angefüllt war mit Erlebnissen, wenn Berufsverpflichtungen wenig Zeit ließen für Gemeinsamkeiten mit dem Kind, muß es am Abend das Gefühl haben, daß ihm ungeteilte Aufmerksamkeit geschenkt wird.

«Das Zubettbringen war überwiegend etwas Schönes, etwas, wo wir sehr nahe beisammen waren. Dazu gehörte, daß wir Zeit füreinander hatten, schon beim Abendessen, im Bad und beim Zubettgehen selbst. Zeit zum Erzählen, was am vergangenen Tag schön oder auch nicht so schön war, ob wir oft traurig oder fröhlich waren und ähnliches. Sehr gern hörten die Kinder auch Geschichten und ich las auch gerne vor...»

In diesem Bericht einer Mutter klingt noch nach, daß sie es selbst genossen hat, so mit den Kindern zusammen den Tag zu beschließen. An jedem Abend geht es um einen Abschied, an jedem Abend kann die Trennungsangst groß werden. Deshalb ist es so wichtig, sich des Daseins der Erwachsenen zu vergewissern, die vertraute Stimme zu hören, in den Arm genommen zu werden.

Die Kinderkassette – auch wenn sie gut gemacht ist – kann dafür nur ein schwacher Ersatz sein.

Märchen und andere Gutenachtgeschichten

Was erzählt oder vorgelesen wird, ist erst in zweiter Linie wichtig. Besonders beliebt sind selbsterfundene Geschichten mit Figuren, die über lange Zeit mitwachsen können und die Tageserlebnisse widerspiegeln. Allerdings dürfen sie nicht dazu benutzt werden, moralischen Druck auszuüben.

Wer sich nicht an das Geschichtenerzählen herantraut, findet für jedes Alter viele gute Bilderbücher und Geschichten. Kinder wissen, wenn sie auswählen dürfen, oft ganz genau, welches Buch heute dran ist. Besonders deutlich ist das bei Märchen, die sie manchmal über Wochen immer wieder hören wollen. Lange Zeit waren Märchen in Verruf geraten. Ihre Grausamkeit, ihre festgelegten Rollen, ihre Phantasiewelt galt als nicht mehr zeitgemäß. Eltern hatten Sorge, daß Märchen die Angst ihrer Kinder verstärkten, und erzählten sie deshalb nicht. Aber es konnte geschehen, daß sie dann feststellten: Die Welt unseres Kindes ist trotzdem von Hexen, Riesen, Gespenstern, Wölfen und Krokodilen bevölkert.

Etwa um das Alter von vier bis fünf Jahren kommt zu der Trennungsangst die Angst vor dem eigenen Bösen, vor den zerstörerischen Phantasien, die sich auch gegen die Eltern richten: «Ich schieß dich tot» – und weiß doch, daß ich ohne dich nicht leben kann. In dem Kampf um die eigene Unabhängigkeit kommt es zu unkontrollierbaren Wutausbrüchen. Gut, daß es dann böse Geister gibt, auf die man das eigene Böse übertragen kann – und gut, daß es die Märchen gibt, in denen am Schluß das Böse immer besiegt ist. «Kinder brauchen Märchen» (Bruno Bettelheim) – welches Märchen das Kind jetzt liebt und braucht, das herauszufinden ist ein wichtiger Teil des Einschlafrituals.

Auch beim Singen ist die Wiederholung wichtig, es dürfen über lange Zeit dieselben Lieder sein. Neben den vielen schönen

Abendliedern für Kinder kann ein Lied wie «Der Mond ist aufgegangen», auch wenn sein Text noch nicht ganz verstanden wird, ein Begleiter für das ganze Leben werden.

Klingt das alles nach «heiler Welt»? Vielleicht – aber diese Überlegungen sind gerade deshalb wichtig, weil die Welt nicht heil ist und Kinder das sehr genau spüren. Wir haben bis in die letzte Dorfstraße mit perfekter Beleuchtung die Nacht zum Tage gemacht. Aber Kinder kennen noch das elementare Gefühl der Angst vor der Dunkelheit, das in alten Liedern ausgesprochen wird: «Es ist gar viel und große Gefahr des Nachts im Finstern, das ist wahr.» In dieser Gefahr allein bleiben zu müssen, ist schlimm. Um die Trennung auszuhalten, brauchen Kinder die Zärtlichkeit und Nähe beim Gutenachtsagen, sie brauchen vielleicht auch die Tür, die einen Spaltweit offen bleibt, oder ein Licht, das irgendwo brennt.

Abendgebete: der Angst und der Sehnsucht Worte geben

In vielen Familien gehört zum Abendritual das Gebet. Kinder und Erwachsene suchen gemeinsam nach umfassendem Schutz, nach einem, dem Angst und Sorge, aber auch Freude und Dank gesagt werden kann. In diesem Alter lernen Kinder ja allmählich, daß ihre Eltern nicht allmächtig sind. Sie können die Sonne nicht daran hindern unterzugehen, sie können den verlorenen Teddy nicht herbeizaubern, sie können nicht machen, daß das Nachbarskind zur Freundin wird. Die Eltern wissen: Sie können das Kind zwar vor vielem schützen, aber sie können es weder vor Krankheiten noch vor Enttäuschungen bewahren, und auch nicht vor ihrem eigenen Versagen.

«Wenn Du, Gott, sorgst und hältst die Wacht, sind wir behütet Tag und Nacht» heißt es in dem alten Lied. Wir könnten es uns gar nicht leisten, jeden Abend alle Kontrolle aufzugeben und uns in den Schlaf fallen zu lassen, wenn wir nicht einen Urgrund des Vertrauens in uns hätten. Jeden Abend kehren wir beim Einschlafen zurück an den Anfang unseres Lebens, als andere für uns sorgten. In den scheinbar naiven Worten des Liedes, in den schlichten Kindergebeten ist dieses Vertrauen personalisiert. Die Liebe, die uns andere Menschen schenkten, wird zum Hinweis auf eine unbedingte, allen geltende Liebe. «Gott ist die Liebe» heißt es in der Bibel (1. Johannes 4,16).

Wenn beten heißt, sich nach dieser Liebe ausstrecken, dann ist es viel mehr als das Kinderverschen, dem die Erwachsenen nur distanziert zuhören. Dann ist es – *vor* allen Worten – eine Haltung, die dem Ritual Tiefe und Lebendigkeit gibt. Aber können Kinder das schon verstehen? Sollte man nicht mit dem Beten warten, bis Abstraktionsvermögen und Differenzierung zum bloßen Wünschen möglich sind? Die Mutter, die von ihrem Zubettgehritual berichtet, erzählt weiter:

«Beten im Sinne von Händefalten und zu Gott sprechen taten wir lange nicht. Das heißt nicht, daß es für mich keinen Gott gab. Aber ich war mir nicht sicher genug, wie und wann ich meinen Kindern von ihm erzählen konnte und wie ich ihnen sagen konnte, was beten ist – sprechen mit jemandem, den ich nicht sehen kann ... Als unser Jüngster vier oder fünf Jahre alt war, erzählte er mir vom Beten im Kindergarten und auch von biblischen Geschichten, die dort erzählt wurden. Damit half er mir, mit ihm und seinem Bruder auch zu Hause beten zu können.»

«Er half mir» – wenn Kinder spüren, daß ihre Eltern sich den Fragen des Glaubens nicht verschließen, dann können sie zeigen, wo sie ihnen voraus sind. Hier kam der Anstoß von außen, vom Kindergarten. Es kann auch anders sein. Kinder können aus sich heraus, durch ihre Fragen und durch ihre Erlebnisfähigkeit, Erwachsene davon überzeugen, daß sie noch «Augen für das Unsichtbare» (so ein Buchtitel von Frank Jehle) haben. Deshalb ist der unsichtbare Gott für sie noch nahe und kann an allem, was sie erleben, Anteil nehmen. So kann das Gebet das feststehende Abendritual immer wieder einmal durchbrechen. Der alltägliche Ablauf braucht vorformulierte Texte, die in der abendlichen Müdigkeit ohne Mühe gesprochen werden können.

Einige Abendgebete sind auf den Seiten 119 und 120 zu finden. Aber daneben sollte Platz sein für spontane Worte: Freude über einen schönen Tag, Ärger und Trauer über das, was nicht gelungen ist, gute Wünsche für eine kranke Freundin ... Am Anfang werden die Erwachsenen diesen Teil des Gebetes übernehmen, so wie sie auch die formulierten Texte zunächst allein sprechen. Das muß nicht in betont kindlicher Sprache geschehen, es darf nicht die Fortsetzung der Pädagogik mit den Mitteln der Religion sein. Wenn in einfachen Worten das gesagt wird, was Kinder und Erwachsene beschäftigt, dann stimmt das Gebet. Langsam wird das Kind Worte für seine Erfahrungen, Gefühle und Gedanken finden. Es wird Erfahrungen vertiefen und erweitern können, wenn das Gefühl der Eltern nicht nur um private Dinge kreist, sondern auch die Probleme von Umwelt und Politik einbezieht, die am Tag zur Sprache kamen.

Das wird vor allem im Schulalter wichtig werden, wenn viele Sachfragen von brennendem Interesse sind, und auf die dahinterliegenden Sinnfragen keine schnelle Antwort zu finden ist (siehe auch Kapitel 3, Der liebe Gott und das Böse in der Welt).

Das abendliche Ritual sollte in dieser Zeit ein Ort bleiben, wo die scheinbar so selbstsicheren Grundschüler von ihrer Angst sprechen können, wo die kleinen Realisten ihre Träume ernst nehmen dürfen, wo die Sehnsucht danach, anerkannt zu werden und dazuzugehören, wachgehalten und ein Stück weit befriedigt werden kann.

Abschied von den Ritualen

Viele verschiedene Funktionen kann das abendliche Ritual im Laufe eines Kinderlebens übernehmen – und eines Tages hat es ausgedient. Meistens wird es nicht feierlich verabschiedet, sondern verschwindet Stück um Stück: Wer selber lesen kann, braucht irgendwann die erzählte Geschichte nicht mehr. Wer allein ins Bett geht, findet plötzlich das gemeinsame Beten peinlich. Es wäre schlimm, jetzt an Formen festhalten zu wollen, aus denen das Kind herausgewachsen ist.

So schmerzlich die Eltern vielleicht die abendliche Nähe vermissen – das Ritual darf kein Zwang werden, der am Wachsen hindert. Es ist nicht ganz einfach, zu spüren, welche Rituale noch «dran» sind, noch gebraucht werden, und welche sich schon totgelaufen haben. Vielleicht wartet noch die Dreizehnjährige, daß jemand zum Gutenachtsagen kommt, mit dem sie Wichtiges besprechen kann. Aber sicher hilft es ihr, den eigenen Weg zu finden, wenn die Eltern neidlos anerkennen, daß die wichtigen Rituale jetzt woanders stattfinden – mit Gleichaltrigen oder Erwachsenen, die anderes anbieten als die Familie. Wenn es an unzähligen Abenden durch das Ritual gelungen ist, Trennungsangst zu überwinden oder auszuhalten, dann hat das Ritual, indem es überflüssig wird, seine Schuldigkeit getan.

(Heidi Mühle)

Heut war ein schöner Tag

2.
Wie schön ist diese Welt:
Der dunkle Wald auf Bergeshöh,
das stille Tal, der lichte See
und was mir sonst gefällt.
Wie schön ist diese Welt.

3.
Gib eine gute Nacht, daß jedem,
der noch sorgt und weint,
wenn er erwacht, die Sonne scheint.
Du hast ja auf uns acht.
Gib eine gute Nacht.

(Text und Musik: Martin Gotthard Schneider)

Großer guter Gott.
Vielen Dank für diesen Tag.
Wir haben viel Spaß miteinander gehabt.
Bitte, laß uns viele Tage
zusammenbleiben. Amen.
(Aus: Marielene Leist: Gebetbuch für Kinder und ihre Eltern, Freiburg: Herder 1973)

Herr, bleibe bei uns,
denn es will Abend werden,
und der Tag hat sich geneiget.
(Lukas 24,29)

Müde bin ich, geh zur Ruh,
schließe beide Augen zu:
Vater, laß die Augen dein
über meinem Bette sein.
Alle, die mir sind verwandt,
Gott, laß ruhn in deiner Hand;
alle Menschen, groß und klein,
sollen dir befohlen sein.

*

Gott, du hast heute micht bewacht,
beschütz mich auch in dieser Nacht.
Du wachst für alle, groß und klein,
drum schlaf ich ohne Sorgen ein.
(Aus: Detlev Block: Meinem Gott gehört die Welt, Konstanzer Taschenbuch 1992)

Gott, du bist mein Vater,
du bist meine Mutter.

Jetzt werde ich schlafen
unter deinen Füßen, unter deinen Händen,
du Herr der Berge und der Täler,
du Herr der Bäume und aller Schlinggewächse.

Morgen ist wieder ein Tag.
Morgen ist wieder das Sonnenlicht.
Ich weiß nicht, was dann sein wird.
Meine Mutter und mein Vater
wissen es auch nicht.

Nur du, Gott, siehst mich.
Du hütest mich auf jedem Weg,
in jeder Dunkelheit, vor jedem Hindernis,
du mein Herr, du Herr der Berge und Täler.

Du weißt, was ich heute gesagt habe,
ob es gut war oder böse,
ob es zuwenig war oder zuviel.
Du aber vergibst mir alle meine Verfehlungen.

Gebet der Sioux-Indianer
(Aus: Dietrich Steinwed: Soweit der Himmel ist.
Kindergebete für Tag und Nacht,
Düsseldorf: Patmos, 1989)

Das Sabbatgebet und das weinende Kind

Rabbi Levi war in seiner großen Gemeinde beliebt. Er war ein Vorbild an gewissenhafter Pflichterfüllung. Besonders am Herzen lag ihm das Sabbatgebet, die gottesdienstliche Feier zum Beginn des Sabbats am Freitagabend. Von weither kamen die Menschen in Rabbi Levis Synagoge, um teilzuhaben an diesem Gebet, das er mit feierlichem Ernst zelebrierte. Um so größer das Erstaunen, daß eines Freitagabends die Synagogengemeinde versammelt ist, aber Rabbi Levi fehlt. Das hat es noch nie gegeben, daß er unpünktlich ausgerechnet zum Sabbatgebet kommt. Die Versammlung wartet und wartet. Schließlich spricht jemand die Gebete und die Versammlung löst sich auf. Plötzlich kommt denen, die da fragend, was wohl mit dem Rabbi sei, nach Hause gehen, der Rabbi mit fliegenden Rockschößen entgegen. Er hatte keineswegs das Gebet vergessen. Aber auf dem Weg zur Synagoge hörte er ein Kind weinen, das alleine zu Hause gelassen worden war. Und dieses Kind tröstete er, bis es endlich eingeschlafen war. «Ich kann doch nicht Gott loben, solange eines seiner liebsten Geschöpfe weint», so erklärt er, warum er den Gewissenskonflikt so und nicht anders lösen konnte.

(Nach einer Rabbinergeschichte, Quelle unbekannt)

9. «Alle Jahre wieder ...»

Alltag und Festtage, von denen Kinder zehren können

So wie die alltäglichen Rituale Sicherheit und Geborgenheit geben, so erleichtern die kleinen und großen Feste den Weg durch die Dunkelheit des Lebens und unserer Welt.

Alltag ist die ewige Wiederholung der Arbeit, der Mühe, der Anstrengung, die alle Tage wiederkehrt. Das kleine Kind hat die Lasten des Erwachsenenalltags noch nicht zu tragen. Und trotzdem entsteht auch schon bei ihm das Gefühl von Langeweile. Das Leben kann sich nicht erschöpfen in: Anziehen, Frühstücken, Kindergarten, Essen, Ausruhen, Spielen, Essen, Ausziehen, Schlafengehen.

Spontane Feste

Deswegen müssen Überraschungen und kleine Feste den Alltag unterbrechen. Die Nachbarin bringt einen Stapel herrlich duftender Pfannkuchen. Der Vater nimmt sich einen freien Tag für einen schnell improvisierten Ausflug. «Kommt, heute fahren wir endlich mal wieder ins Schwimmbad!» Das neue Baumhaus in Inges Garten wird eingeweiht. Die Freundin Renate muß am Bahnhof abgeholt werden, vorher gibt es einen ausführlichen Einkaufsbummel. Das sind Ereignisse, von denen Kinder lange zehren und erzählen können. Manche dieser eigentlich kleinen spontanen Fe-

ste bleiben für ein Leben lang eingegraben im Gedächtnis als tiefes Glückserlebnis.

Oder aber Kinder – schon etwas älter in der Regel – feiern ganz allein: Sie haben sich gefreut, weil sie versetzt wurden, weil die Schule ausfällt, weil die Straßenmannschaft gewonnen hat, weil die Eltern für zwei Tage verreist sind. Sie sagen: «Das müssen wir feiern!» Sie besorgen sich vielleicht etwas zu trinken und zu essen, ziehen sich in eine Höhle, einen Keller, eine Baumhütte zurück und machen ein Fest mit all dem, was sie gerne tun. Sie sind dabei unter sich. Erwachsene kommen nicht vor, schreiben nichts vor, feiern nichts vor. Man muß befürchten, daß unsere Welt immer weniger Freiraum für solche Spiele läßt, denn wo können sich Kinder für gewisse Zeiten ihre eigene Welt schaffen nach eigenen Vorstellungen? Wichtig wäre schon, ihnen solche Freiräume zu ermöglichen, denn glückliches Menschsein hängt vom Erlebnis kleiner und großer festlicher Ereignisse ab.

Dazu gehören auch die Feiern, die in ritualisierter Form regelmäßig den Alltag unterbrechen. Jede Woche einmal wird der Sonntag gefeiert. Jedes Jahr einmal gibt es die Geburtstage in der Familie, die Urlaubsreisen. Der Jahreslauf wird durch verschiedene Feste gegliedert.

Alle Feste haben die Aufgabe, den bleibenden Wert und Sinn menschlichen Lebens zu erklären und zu befestigen. Gestern noch habe ich unter der alltäglichen Plackerei zwischen Küche, Hausaufgabenhilfe, Waschmaschine und Putzeimer gestöhnt und mich gefragt, ob es sich lohne, dafür zu leben. Heute aber lache und spiele ich bei der Geburtstagsfeier, genieße Essen, Trinken und sage mir glücklich: «Ja, es ist schön, zu leben!» Einmal Ja gesagt haben zum eigenen Leben, ist fast soviel, wie überhaupt Ja sagen zu können.

Das Fest: Erfahrung umfassender Ganzheit

Unsere gelegentlichen Erfahrungen von Glück, Liebe und Erfolg werden immer wieder in Frage gestellt durch ihr Gegenteil, durch Abbruch, Schmerz, Trauer, Trennung, Verlust, Haß, Feindschaft, Versagen und Mangel.

Im Fest wird die Welt und das Leben als vollkommen erfahren – oder wenigstens als Weg zu einer künftigen umfassenden «Ganzheit». Durch das Fest wird für das Kind der Lebenslauf und der Jahreslauf übersichtlicher und begreifbar. Auch Kinder brauchen schon Feste als Höhepunkte und als Abwechslung vom täglichen Einerlei. Sie helfen ihnen, das Leben zu bejahen. In jedem gelungenen Fest kann erlebt werden, was unserem menschlichen Leben überhaupt erst einen positiven Sinn gibt: Es gibt also tatsächlich Liebe, Zuwendung, Gemeinschaft, Glück, Lebendigkeit. Erfahren wird dies im Fest, aber seine tiefere oder weiterführende Bedeutung bekommt es durch die mythischen Geschichten, die zu vielen Festen gehören und die dabei wieder neu lebendig werden. Sie beschreiben, was einst geschah und in einer fernen Zukunft endgültig vollendet werden soll. So verbindet das Fest Vergangenheit und Zukunft. Die Feier vergegenwärtigt diese Verbindung und macht damit Front gegen Langeweile, Resignation, Angst, Sinnlosigkeit, Haß und Feindschaft, Einsamkeit und Dunkelheit. Deswegen sind Feste zutiefst religiösen Ursprungs, weil sie den Sinn des Lebens deuten, indem sie Göttliches und Menschliches miteinander in Verbindung bringen.

Das gilt auch für solche Feste, die scheinbar keinen Bezug zur Religion haben oder aus einer antikirchlichen Bewegung entstanden sind.

1. Januar: Im Kreislauf der Zeit gibt es immer wieder einen neuen Anfang.

1. Mai: Die Solidarität der Arbeiter schafft Heimat und Kraft.

3. Oktober: Einigkeit und Recht und Freiheit sind ein besserer Lebensraum für ein ganzes Volk als Gewinnsucht und Egoismus.

Auch Volksfeste wie Wurstmarkt, Weinfest, Kirmes haben bei aller fragwürdigen Verkürzung auf Fressen und Saufen und Geschäftemacherei eine religiöse Wurzel: In ihrer ekstatischen Maßlosigkeit feiern sie das Leben und seine unzerstörbare Fruchtbarkeit.

In der Kirche hat man das häufig übersehen. Heute aber entdeckt man die guten biblischen Wurzeln fast all unserer privaten und öffentlichen Feste wieder:

Die biblischen Wurzeln des Feierns

Um das Feiern geht es bei dem z. Zt. so umkämpften Sonntag. Nicht nur Wochen-Ende, ein oder zwei freie Tage, die beliebig verschiebbar wären, privates Abschalten und Regenerieren machen den Sonntag aus – er hat eine jahrtausendealte Geschichte. In ihr wird das Handeln und Ruhen des Menschen zu dem Schaffen und Feiern Gottes in Beziehung gesetzt. Die hebräische Bibel erzählt vom Sabbat (1. Mose 2, 1-3): Nach getaner erfolgreicher Arbeit ruht Gott und genießt das Werk seiner Anstrengung. Er legt sozusagen die Hände in den Schoß, atmet auf und freut sich an dem Vorhandenen. Das sollen wir Menschen als Gottes Ebenbild genauso versuchen!

«Alles ist sehr gut!» Daraus folgt ein Geist der Weltbejahung und der Lebensfreude. Nach der Meinung jüdischer Theologen bedeutet die Sabbatfeier: Wir sollen nicht arbeiten, und wir sollen für diesen Tag auf jede Kritik verzichten. «Feststellung von Makeln, Fehlern und Ungutem bei Mitmenschen oder an Umständen, an Sachverhalten oder Begebenheiten haben am Sabbat nichts zu suchen, so berechtigt sie am Werktag sind!» (Pinchas Lapide). Denn wenn Gott sein Werk der ersten Schöpfungstage gutheißen kann, dann können wir uns in dieser Feier vergewissern, daß alles auf dieser Erde, also auch wir selbst, trotz unserer Unvollkommenheit «gut» heißen kann, daß wir leben dürfen und erhalten werden. Damit wird der Sonntag zur «Grundschule», um das Festefeiern mit Kindern zu entwickeln und einzuüben.

Er hat viel von seinem früheren festlichen Ausnahmecharakter verloren, seitdem wir in der Regel alle Tage wie am Sonntag essen, uns alle Tage wie am Sonntag festlich kleiden können. Der grundlegende religiöse Charakter wird von vielen nicht mehr erkannt oder akzeptiert. Häufig ist er Ausschlaf- und Gammeltag. Dagegen ist auch nichts zu sagen, wenn er damit bewußt als Feier der Freizeit verstanden wird, im Gegensatz zur «Sklaverei in Beruf und Terminkalender» während der Woche. Etwas von Freiheit, Zeit haben, Aufatmen müßte am Sonntag schon spürbar sein.

Im Kleinen erinnert das an frühere Gepflogenheiten: Beim Abendläuten die Hände in den Schoß legen. Ein Dämmerstündchen halten. Den Feierabend am Dorfbrunnen oder unter der Linde genießen. Ich sehe manchmal Kinder, die dies noch können. Selbstvergessen dasitzen in der Betrachtung einer Blume oder eines Regentropfens ... Mit geschlossenen Augen auf den Klang der Vögel lauschen oder des murmelnden Bächleins.

Es ist nicht einfach, Kindern dazu Gelegenheit zu verschaffen. Für die meisten Familien sind Dorfbrunnen und Linde, Vogelgesang und murmelnder Bach in ihrer Umgebung nicht zu finden. Mit stundenlangen Autofahrten, Streß im Stau, quengeligen Kindern einige Stunden Idylle erkaufen? Da ist es vielleicht doch sinnvoller, nach näheren Oasen der Ruhe zu suchen.

Die Straßen der Großstadt z. B. sind am Sonntagvormittag wie ausgestorben. Die Kinder – mit ihrem anderen Schlaf- und Wachrhythmus zum Leidwesen der Eltern schon lange tatendurstig – werden begeistert sein, wenn ein Erwachsener früh mit ihnen Neues in der Stadt entdeckt und sich Zeit nimmt, darüber zu staunen, sich daran zu freuen, darüber zu reden: am Fluß die ersten Ruderer oder die Wasserhühner und Enten beobachten, an einem alten Haus Figuren und Schriftzeichen betrachten, ein halb verbautes Stück Stadtmauer finden, die uralten Steine betasten, ihre Struktur «abrubbeln», von Geborgenheit und Enge der alten Stadt hören – oder auch: an den Brunnen lange mit dem Wasser spielen oder an einem klaren Wintertag das Hellwerden und den Sonnenaufgang auf einer Brücke oder an einem Hochhausfenster erleben. Zu Hause kann dann bei einem ausgiebigen zweiten Frühstück von allem erzählt werden.

Schön ist es, wenn die Angebote der Kirchengemeinde so familienfreundlich sind, daß dort eine Erweiterung der Festerlebnisse gefunden wird. In manchen Familien- und Kindergottesdiensten wird der außergewöhnliche Festraum genutzt. Gemeinschaft über den Rahmen der Familie hinaus wird erlebt. Das Feiern hat die selbstverständlichen Elemente von Klage und Dank, von Stille und Gespräch, von Schweigen und Musik. Alle Sinne werden angesprochen, und Mitbeteiligung ist erwünscht.

Man sitzt im Kreis, schaut die Kerze in der Mitte an, betrachtet ein Bild, hört die Geschichte des Tages, vertieft sie durch Spiel oder Malen.

Aber auch im «normalen» Gottesdienst der Erwachsenen können Kinder erleben, daß sie willkommen sind. Bilderbücher liegen neben den Gesangbüchern, eine Spielecke für die Kleineren ist im Hintergrund, wer sich bewegen will, wird nicht in die Bank gedrückt, und wer fragen möchte, nicht zur Ruhe gezischt. Endlich einmal sind Kinder nicht für sich in einem Kinderghetto, sondern mit den Erwachsenen zusammen. Beobachtend, zuhörend und zunehmend selbst beteiligt spüren sie, daß sie Teil dieser Gemeinschaft sind. Wie eng der so gefeierte Sonntag mit dem Alltag zusammenhängt und wie stark er trotzdem etwas Besonderes bleibt, zeigt das Beispiel, zum Muttertagsgottesdienst Kochkisten zu bauen, damit auch Mütter am Sonntag Zeit gewinnen. Am Muttertag hat man den Müttern Gutscheine geschenkt für «Sonntagsausruhkisten» – einzulösen am Sonntag Rogate. Am Samstag vorher treffen sich möglichst viele Kinder mit Erwachsenen, um viele «Kochkisten» zu bauen.

Benötigtes Material: Holzplatten oder Pappkisten (z.B. Umzugskartons oder Kirchentagshocker); Stoff und Isoliermaterial für Kissen. Außerdem werden am Samstag die Bestandteile für eine Kartoffelsuppe geputzt und hergerichtet. Am Sonntagmorgen werden vor dem Gottesdienst die Suppen 5 Minuten angekocht, dann in den Kochkisten verstaut, die ohne weitere Energiezufuhr das langsame Garen übernehmen.

Man kann also in aller Ruhe mit den Eltern einen Familiengottesdienst feiern zum Thema «Vom heiligen Nichtstun». Nach dem Gottesdienst holt man die fertigen Suppen heraus und hält ein gemeinsames Sonntagsmahl.

Die «Sonntagsausruhkisten» werden mit nach Hause genommen und helfen dann vielleicht weiterhin, den Sonntag zu heiligen.

Die zweite wichtige Anregung für das «Feste feiern» gewinne ich aus der Bibel durch die *Pesachtradition.* Pesach ist seit Jahrtausenden die Gedächtnisfeier der grundlegenden Heilstat Gottes. Der uralte Mythos erzählt: Wunderbar wurden die Vorfahren aus der Knechtschaft in Ägypten herausgeführt und vor den Feinden hinweg durch tödliches Meer und Wüste ins Land geführt, in dem

Milch und Honig fließt. Die Pesachfeier beschäftigt durch ihre handfesten Elemente, Texte und Rituale Leib und Seele der Feiernden.

Schon die Vorbereitung greift tief ins Leben jeder Familie ein. In einem feierlichen Akt wird der ganze Haushalt von jedem Rest Sauerteig und Unreinem gesäubert. Bei der Feier selbst wird jeder symbolische Gegenstand gedeutet. Man schläft in dieser Nacht nicht, um jederzeit zum Aufbruch und für den Messias bereit zu sein. Der Knochen auf dem Tisch erinnert ans Lamm, das nun nicht mehr geschlachtet werden kann, weil der Tempel zerstört ist. Die Bitterkräuter bringen den Geschmack der Sklavenjahre auf die Zunge. Das ungesäuerte Brot ist das Lebensmittel der flüchtigen Wanderschaft. Der Wein ist der Hinweis auf das schöne Ziel im gelobten Land.

Durch diese Ganzheitlichkeit, die alle Sinne des Menschen beschäftigt, hat die Pesachfeier nie etwas von ihrer Lebendigkeit verloren. Obwohl sie an geschichtliche Vergangenheit erinnert, macht sie doch gleichzeitig dieses Heil gegenwärtig. Im Vollzug des Ritus erleben die Feiernden sich jedesmal als Beteiligte. Sie sind nicht nur Zuschauer. Sie ziehen mit hinaus aus der Gefangenschaft ins Land der Verheißung.

Dieses Beispiel macht Elemente und Absicht jeder Feier deutlich: In der Feier werden wir durch die symbolische Wiederholung des Ereignisses in seine Wirkung hineingenommen. So erfahren wir etwas von der feierlichen Bejahung des Lebens und finden eine mögliche Alternative zum alltäglichen Schema von Zwang, Mittelmäßigkeit und Bedeutungslosigkeit.

Ein drittes wesentliches Element des Feierns findet sich bei *Jesus*. Es ist gut, feiern zu können wie er! Menschen essen und trinken zusammen mit Jesus, feiern ein Gastmahl, eine Hochzeit, die Heimkehr des verlorenen Sohnes. Obwohl Einzelheiten kaum erzählt werden, sind diese Jesus-Feste sicher oft genug jene ausgiebigen Gelage gewesen, wie sie im Orient bis heute üblich sind. Ein Hammel wird geschlachtet, Fladenbrot gebacken, Wein und Wasser herbeigebracht, Käse, Früchte und Süßigkeiten bereitgestellt. Der Festabend entwickelt sich. Es wird viel geredet, erzählt, gesungen und getanzt. Essen und Trinken hält Leib und Seele zusammen. Das war für ihn selbstverständlich.

Die wenigen Bemerkungen in der Jesusüberlieferung weisen auf eine für unsere Zeiten bemerkenswerte Intensität beim Feiern hin. Da wird von viel körperlicher Nähe erzählt: Alle essen aus einer Schüssel und trinken aus einem Kelch. Füße werden gewaschen, Hände aufgelegt, Füße geküßt, Köpfe gesalbt. Welch Fest der Sinne! Berührungen, Düfte, Klänge, Gaumenfreuden! Natürlich wird auch gesprochen, erzählt, nachgedacht, disputiert und provoziert; gefragt und geschimpft, geweint und gelacht.

Bei Jesu Festen sind alle Sinne des Menschen beteiligt. Diese Entspannung im Aufatmen am Abend nach der Hitze des Tages ist ein ganzheitlicher Vorgang. Denn Stärkung und Heilung des Körpers bewirken auch Heil für die Seele. Bei diesen Festen erleben Menschen mit Jesus Entkrampfung ihres Körpers und ihrer Seele. Durch die Gemeinschaft im Fest wird ihnen ihr hoher Wert, den sie bei Gott haben, nicht nur zugesprochen, sondern sie erleben ihn auch. Dieses können wir selbst neu entdecken und pflegen. Dann können wir unsere Kinder in diese feiernde Bejahung des Lebens hineinwachsen lassen.

Feste gliedern das Jahr

Die großen Feste gliedern das Jahr und machen es übersichtlich. Die Erwartung des Glücks und des Heils steht am Beginn aller Festzeiten:

- Licht in der Finsternis
- Ein Stern zeigt den Weg durchs Chaos
- Neues Leben entsteht aus dem Tod
- Frieden wächst aus Krieg und Streit
- Neue Begeisterung fürs Leben wischt Resignation und Angst weg.

Aber wichtig ist, die Erwartung auf Erfüllung auszukosten und nicht vorschnell zu verspielen. Warten will gelernt sein. Das Neue muß vorbereitet, Hindernisse, Schmutz, unerledigte Reste müssen ausgeräumt werden. Um so herrlicher ist das Erlebnis beim Fest!

Die Adventszeit zeigt dies besonders deutlich. Früher war sie Fastenzeit (eigentlich sogar ab 11.11., dem Martinstag), Zeit der Stille, des Nachdenkens, Hausputz nicht nur in der Wohnung, sondern auch an Leib und Seele. Mehrere Wochen fasten und warten: Das macht neugierig, ungeduldig und hungrig für Neues!

Dies ist heute leider weitgehend verlorengegangen, weil die Erwachsenen selbst nicht mehr warten können. Deswegen gibt es das Festgebäck inzwischen schon im August. Begründung: «Dann schmeckt es am besten.» Natürlich – aber deswegen schmeckt es an Weihnachten nicht mehr.

In der eigenen Familie kann man ein wenig gegensteuern: Von den selbstgebackenen Plätzchen gibt es nur Kostproben, Wünsche bleiben Wünsche und werden nicht wie Bestellungen ohne Geheimnis ausgehandelt, der Weihnachtsbaum steht nicht schon lange vor dem 24.12. als zusätzlicher Beleuchtungskörper im Wohnzimmer. Wichtiger noch ist, daß die Erwachsenen ein «Fasten» üben, das schwieriger ist als der Verzicht auf bestimmte Speisen und Getränke. In der Adventszeit entwickelt sich in Beruf, Haushalt und Konsum eine ungeheure Hektik. Sich ihr entziehen, konsequent eine Viertelstunde am Tag aussparen, die für die Kinder da ist, in der alle gemeinsam zur Ruhe kommen: Das tut allen gut.

So sollte man zusammen mit den Kindern das Vorbereiten, Warten und die Dunkelheit aushalten üben. Und wie man schon einmal einen Blick durchs Schlüsselloch in die Weihnachtsstube riskieren darf, um eine Ahnung von kommendem Glanz zu bekommen – die Spannung braucht Nahrung! –, so gibt es die kleinen Ankündigungen auch schon in der Adventszeit. Morgens die kleine Überraschung im Adventskalender oder in den Adventstütchen (ein Bildchen, eine Nuß, ein Stück Schokolade usw.). Am Nachmittag das Dämmerstündchen, bei dem die Kerzen am Adventskranz angezündet werden; eine Geschichte wird erzählt, jedes Kind darf sich ein Lied wünschen. Die Vorbereitung ist bereits ein Teil des Festes. Deswegen sind all die vielen Vorbereitungsarbeiten für Weihnachten nicht nur Mühsal, sondern selbst festliche Ereignisse: Jeder entwickelt Geheimnisse vor den anderen; alle helfen beim

Backen. Da gibt es den Ausflug in den Wald, um einen Baum zu suchen, abzusägen und im Triumph nach Hause zu bringen.

Weihnachten

Dieses Fest hat eine Geschichte, die alle kennen (nachzulesen in der Bibel, Lukas 2, 1-20 und Matthäus 2, 1-15). Wie keine andere Geschichte der Bibel lebt sie in unzähligen Darstellungen – und in uns. Es lohnt sich, mit Kindern solche Darstellungen anzuschauen. Schöne Krippen findet man schon in Schaufenstern z.B. mancher Apotheken. In katholischen Kirchen kann man die Spannung des Wartens nachvollziehen, wenn von der Ankündigung der Geburt bis zur Flucht nach Ägypten die Krippe sich Woche für Woche verändert. In vielen Museen finden sich Weihnachtsbilder, auf denen Kinder immer wieder Neues entdecken können.

Wenn auch zu Hause eine Krippe steht, kann es zum festen Adventsritual werden, dafür Moos, Baumwurzeln und Zweige aus dem Wald zu holen. Fast noch schöner ist es, selbst eine Krippe zu gestalten, vielleicht mit Freunden und Freundinnen zusammen. Jeder/jede überlegt, welche Figur ihm oder ihr am liebsten ist; es schadet nichts, wenn es viele Jesuskinder und etliche Marien gibt – sie können in den Familien der Freunde eine Krippentradition begründen. Aus Papier, Holz, Wachs oder Ton können die Figuren entstehen. Anleitungen dazu finden sich in Adventskalendern, Weihnachtsbüchern und Werk- und Bastelbüchern. Und dann rückt der 24.12. ganz nah.

Wer übernimmt dann das Aufstellen des Christbaums, wer sein Schmücken? Ich fand es immer besonders wichtig und schön, daß dies bei uns zu Hause in großer Heimlichkeit geschah. Da war das verschlossene Wohnzimmer, hinter dem sich vielerlei geheimnisvolle Dinge taten. Ungeduldig warteten wir an Heiligabend nach dem Gottesdienst auf das Glöcklein, das uns endlich in die Stube rief, zu dem strahlenden Baum, zu den Düften und Gerüchen, zu den Geschenken. Da sangen wir unsere Lieder, jemand sagte noch einmal die biblische Weihnachtsgeschichte auf, wir waren glücklich und merkten, wie der Himmel durch uns hindurch ging.

Karfreitag und Ostern

Im Festzyklus der Karwoche ist der Spannungsbogen zwischen Leid und Freude, Trauer und Jubel, Tod und Leben ebenfalls sehr deutlich ausgeprägt. Doch herrscht allgemeine Unsicherheit, wie der Karfreitag angemessen gefeiert werden könne, um dann um so strahlender in den Jubel der Osternacht ausbrechen zu können. Wie kann die Erzählung vom Tod Jesu mit Kindern erfahren werden? Ein Beispiel:

> Eine Wohnstube in einem alten Bauernhaus. Fünf Kinder (allesamt im Vorschulalter) und fünf Erwachsene sitzen im Kreis auf dem Teppich. Auf dem kleinen Schrank flackert eine Kerze neben dem Kruzifix, das ich am Gründonnerstag aus einem alten Eichenblock grob herausgeschnitzt habe.
>
> Wir machen einen ersten tastenden Versuch, miteinander Karfreitag auf eine neue Art zu begehen. Lange Absprachen und Vorbereitungen waren zusammen mit unseren kleinen Kindern nicht möglich. Also müssen wir improvisieren. Ich sage: «Heute ist Karfreitag, der Tag, an dem Jesus sterben mußte. Auch ihr Kinder kennt diese Geschichte. (In den Wochen davor haben sie sich oft genug de Koorts Bilderbüchlein angesehen oder vorlesen lassen.) Wir erinnern uns jetzt daran und wollen sie miteinander spielen. Es soll so sein, als wären wir dabeigewesen. Laßt uns damit beginnen, daß Jesus gefangengenommen wird.
>
> Felix (5) verteilt sofort die Rollen und sagt, wer Jesus sein soll, wer die Freunde Jesu, wer seine Feinde. Sich selbst macht er dem Traumberuf entsprechend zum Chef der Polizisten.
>
> Es wird ein kurzer heftiger Überfall, bei dem Jesus mit einem langen Seil gefesselt und schließlich an einen alten Balken, der frei im Raum steht, gebunden wird. «Gefangen nehmen», «schlagen», «verspotten», «kreuzigen» werden dabei in einem erledigt. Einer von uns Erwachsenen versucht so etwas wie eine Gerichtsverhandlung dazwischenzuschieben. Vergeblich. Den Kindern ist klar, worauf es hinauslaufen muß, und wir unterbrechen den Spielfluß nicht.

Felix verkündet: «Jetzt ist Jesus tot. Wir müssen die Fensterläden schließen, damit es ganz dunkel ist.» Nur die Kerze leuchtet. Jesus wird von seinem Balken gebunden. Wir andern schleppen ihn ächzend zu einer Matratze in der Ecke. Jesus liegt im Grabe. Eine andere steife Matratze wird davorgestellt. Das Grab ist verschlossen. Bei uns Erwachsenen entsteht an dieser Stelle plötzlich Ratlosigkeit. Was nun?

Heute ist Karfreitag. Heute ist also der Tod Jesu dran. Mehr nicht. Aber wir spüren alle, wie sehr wir beim Miterleben in der Geschichte drin sind. Jetzt können wir nicht plötzlich aus ihr aussteigen, als sei nichts gewesen.

Silke (6), jetzt Jesus, ist ganz in ihrer Rolle drin. Und spielend hilft sie uns Erwachsenen über unsere Ratlosigkeit hinweg. Sie liegt da, rührt sich nicht, will anscheinend nicht wieder aufstehen. Oder kann sie es nicht? Mir schießt durch den Kopf: «Eigentlich müßten wir jetzt bis Ostermorgen Grabwache halten. Aber das geht nicht.» So frage ich laut ein wenig hilflos: «Sollen wir jetzt aufhören?»

Lauter Protest der Kinder: «Nein! Die Geschichte geht doch weiter!» Und Ulf (4) weiß auch wie: «Jetzt muß es wieder hell werden.»

Die Läden werden geöffnet. Alle Lampen sind eingeschaltet. Als sei das ein Zeichen für Jesus-Silke: Sie steht von ihrem Polster auf, wirft den «Stein» um und hüpft wie toll durch den Raum. Hurra, sie lebt wieder!

Alle klatschen begeistert in die Hände. Ja, wissen wir, so muß die Geschichte vom gekreuzigten Jesus enden.

Die Kinder fordern ihr Recht: «Noch einmal!» Genauso knapp wie eben und deutlich ritualisiert wiederholen wir an diesem Nachmittag unser Spiel fast unverändert noch dreimal, jedesmal mit anderer Rollenverteilung.

In anderen Jahren wurden am Karfreitagnachmittag große Bildtafeln gemalt zu den verschiedenen Stationen der Passionsgeschichte. Sie wurden im Hof oder im Haus aufgehängt, auch am Ostersonntag noch einmal besucht und mit Blumen geschmückt.

Ein andermal wurden aus Ton einfache Figuren geformt, mit denen im Stil einer Weihnachtskrippe ein «Grab Jesu» aufgebaut wurde.

Ein schöner Brauch ist die Geschichte mit den Puppensamen. Er faßt den grundlegenden Mythos vom Sterben und Auferstehen in kindgerechter Weise in ein Spiel. Der Vater bringt vor dem Karfreitag seinen Kindern Tütchen mit «Puppensamen» mit. Er hat sie «zufällig» und «zum Glück» in einem alten Sämereiladen gefunden. Es sind tatsächlich Tütchen, die fast wie echte Samentüten aussehen. Nun das Besondere: die dicken Samenkörner müssen am Karfreitag im Garten in die Erde gelegt werden, natürlich im Beisein der Eltern. Nur dann kann der Zauber gelingen. Ein bißchen gießen, und dann geduldig warten. Tatsächlich! Das Wunder ist bis zum Ostermorgen geschehen: An der Pflanzstelle gucken kleine Figürchen aus der Erde – Püppchen, mit denen schön zu spielen ist oder die sich im Setzkasten gut machen werden.

Zum Osterfest gibt es viele Bräuche, die noch gepflegt werden, oder die es sich lohnt, mit den Kindern neu zu entdecken:

- Die Kinder bauen am Karfreitag für die Eier im Garten ein Osternest aus Weidenstöcken, Moos und Blütenzweigen.
- Am Abend vor Ostern wird aus den restlichen Gartenabfällen ein Osterfeuer entzündet. Wir werfen symbolische Gegenstände oder Zettel in die Glut, um all das zu verbrennen, was uns ärgert und belastet. (Angst vor Krieg, Zorn über den Faschismus, Streit mit den Geschwistern, Neid und Fremdenhaß usw.)
- Der Feiertag beginnt dann (bei Sonnenaufgang) mit einem meditativen Spaziergang, der auch zum Friedhof führt. Anschließend gibt es das üppige Osterfrühstück. Die ersten Ostereier werden gefunden. Jetzt, beim ersten Mal, schmecken sie am besten.
- Nachmittags dann folgen die alten Ostereierspiele: Wer wirft auf der Wiese sein Ei am weitesten? Groß ist der Jubel und das Entsetzen, wenn es beim fünften oder zehnten Wurf in viele Stükke zerspringt.

Pfingsten

Mit diesem alten christlichen Fest kann unsere Gesellschaft am wenigsten anfangen – in vielen Kirchengemeinden sieht es nicht besser aus. Eigentlich schade! Denn es feiert Frieden und die Verständigung zwischen unterschiedlichen Menschen und Gruppen. Deswegen kann es aber auch nicht nur ein Fest der Familie sein. Es braucht den größeren Rahmen einer Gruppe, einer Gemeinde.

Gleichzeitig ist es das Fest der unbändigen Freiheit des guten Geistes, der Leben schafft, völlig unberechenbar da «weht, wo er will», für Überraschung und Bewegung sorgt. Es gibt keine, ja es kann keine Bräuche geben, die dies ritualisieren und in wiederholbare Formen bringen. Am ehesten bewegen sich Menschen im Bereich dieses Festes, wenn sie an diesem Tag völlig überraschende, verrückte Besuche machen; Ausflüge, bei denen die Jüngsten angeben dürfen, wohin es nun geht, wo man vermeidet, auf bekannten Wegen zu bleiben.

Natürlich gelingen solche «Pfingstfeste» in der Regel nicht wie auf Bestellung genau am vorgeschriebenen Kalendertag, sondern irgendwann einmal, vielleicht im Winter, vielleicht im Hochsommer. Unversehens sind wir wieder am Ausgangspunkt unserer Überlegungen und haben Pfingsten zu einem spontanen Fest gemacht.

(Paul Martin Clotz)

Am Ende die Rechnung

Einmal wird uns gewiß
die Rechnung präsentiert
für den Sonnenschein
und das Rauschen der Blätter,
die sanften Maiglöckchen
und die dunklen Tannen,
für den Schnee und den Wind,
den Vogelflug und das Gras
und die Schmetterlinge,
für die Luft,
die wir geatmet haben,
und den Blick auf die Sterne
und für alle die Tage,
die Abende und die Nächte.

Einmal wird es Zeit,
daß wir aufbrechen und
bezahlen.
Bitte die Rechnung.
Doch wir haben sie
ohne den Wirt gemacht:
Ich habe euch eingeladen,
sagt der und lacht,
soweit die Erde reicht:
Es war mir ein Vergnügen!

(Aus: Lothar Zenetti:
Sieben Farben hat das Licht,
München: Pfeiffer 1975)

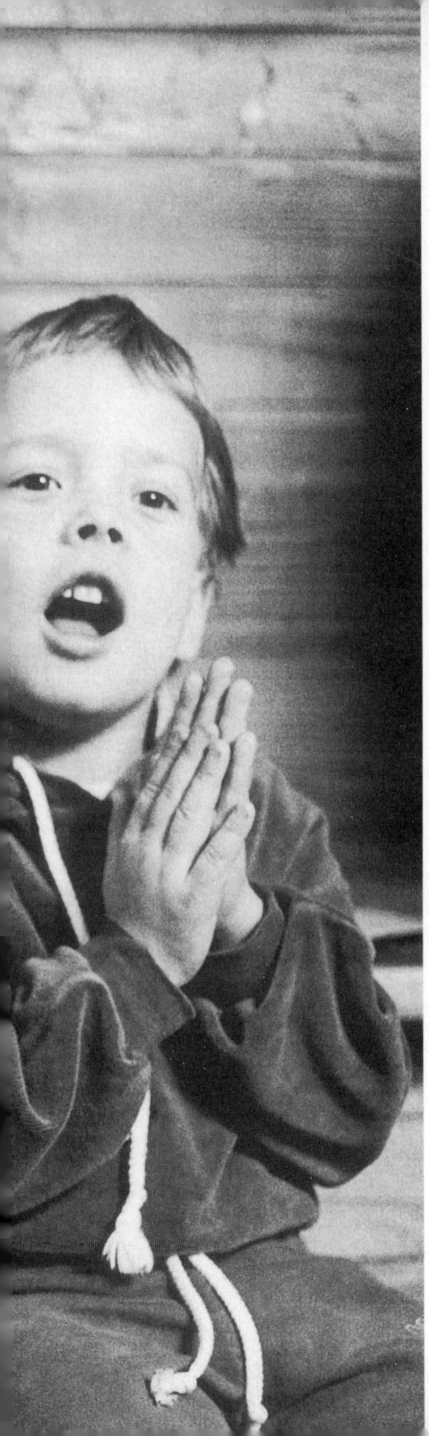

10. Lernziel Toleranz

Möglichkeiten und Grenzen religiöser Erziehung im Kindergarten

Meist ist der Kindergarten die erste Einrichtung, in der Kinder (und ihre Eltern) mit öffentlicher Erziehung in Berührung kommen. Was können Eltern von dieser Einrichtung in Sachen religiöser Erziehung erwarten?

Sind hier die «religionspädagogischen Profis» am Werk, die all das können, was Eltern Probleme macht und in Unsicherheiten stürzt, Spezialisten also, an die die so schwierige religiöse Erziehung delegiert werden kann? Oder sind hier kirchliche Funktionärinnen am Werk, klerikal Eingefärbte, die mit stur durchgezogenem religiösem Programm zunichte machen, was Eltern behutsam an Toleranz und Offenheit, an Kritikfähigkeit und Selbständigkeit mitzugeben versuchten?

Oder ist öffentliche Erziehung religiös «neutral», verweist Religion in den Privatbereich und umgeht alle religiösen Inhalte und Gestaltungsversuche – oder sollte dies jedenfalls?

Mit all diesen sich wechselseitig widersprechenden Erwartungen und Befürchtungen werden Kindergärten konfrontiert. Sie sind hier so zugespitzt formuliert, daß klar ist: Keine von ihnen kann zum Programm öffentlicher Erziehung gemacht werden.

Kindergärten (der Begriff steht hier stellvertretend für all die verschiedenen Einrichtungen der «Tagespflege für Kinder», wie es neuerdings offiziell heißt, also auch für Krippen, Kindertagesstätten, Horte, Kinderhäuser usw.) haben zwar neben dem Betreuungsauftrag auch gleichwertig einen Bildungs- und Erziehungsauftrag, sind aber dennoch Einrichtungen der Jugendhilfe. Anders als die Schulen gehören sie nicht in den Bereich des Kultusministeriums, sondern in das Sozialwesen. Diese Zuordnung der öffentlichen Kleinkinderziehung wurde immer wieder bildungspolitisch kritisiert, aber nur im Bereich der ehemaligen DDR wurde der Kindergarten zum Teil des staatlichen Bildungssystems. Noch einmal anders war es in der Zeit des Nationalsozialismus, als der Staat mit Hilfe der NSV (Nationalsozialistische Volkswohlfahrt) vergeblich versuchte, ein Monopol für die Kindergärten zu erobern.

Die Zuordnung zum Sozialwesen steht im Zusammenhang mit der sogenannten pluralen Trägerstruktur, d.h. Kindergärten werden mehrheitlich nicht von den Kommunen, sondern von «freien Trägern» betrieben. Dies sind vor allem die beiden großen Kirchen, aber auch Arbeiterwohlfahrt, Rotes Kreuz und andere Verbände, sowie eine Vielzahl unterschiedlichster Vereine und Gruppen.

Verschiedene Träger von Kindergärten

Kindergärten unterscheiden sich nicht nur in Größe, Ausstattung und pädagogischer Ausrichtung, sondern auch in ihrer religiösen Prägung. Es ist Sache der einzelnen Träger, den bewußt sehr zurückhaltend formulierten Rahmen pädagogischer Zielsetzungen auszufüllen, den das neue Kinder- und Jugendhilfegesetz (KJHG) formuliert. Im § 22 des KJHG wird als Ziel der Erziehung in Kindergärten die «... eigenverantwortliche und gemeinschaftsfähige Persönlichkeit» benannt und als Weg zu diesem Ziel die Orientierung an den Bedürfnissen der Kinder und ihrer Familien, mit denen eng zusammengearbeitet werden soll.

Zwar füllen manche (meist ältere und deutlicher in der volkskirchlichen Tradition formulierte) Ländergesetze diesen sehr weit gesteckten Rahmen schon etwas eindeutiger aus, doch sind es letztlich auch hier pauschale Zielformulierungen, deren Konkretisierung den einzelnen Trägern bewußt weiten Spielraum läßt.

Eine häufig wiederholte Rechtfertigung dieser «pluralen Trägerstruktur» lautet: Den Familien soll eine inhaltliche Wahlmöglichkeit gegeben sein, um den Kindergarten wählen zu können, der ihrer eigenen Grundrichtung entspricht. Katholische Eltern sollen ihr Kind also in einem bewußt katholisch gestalteten, kirchlich distanzierte Eltern in einem religiös «neutralen» Kindergarten anmelden können. Als wünschenswert betrachtet wird dabei also ein jeweils religiös möglichst homogenes Milieu, in dem Kinder einen Grundkonsens zwischen Familie und Kindergarten erleben und von diesem geprägt werden.

Diese Lösung triff heute vor allem für Einrichtungen freier Initiativen zu, wo sich Eltern zusammenfinden, um einen ihren spezifischen Erziehungsvorstellungen entsprechenden Kindergarten zu betreiben. Da wird das Kind oft täglich weite Wege gefahren, damit es diesen speziellen Kindergarten besuchen kann. Da diese Einrichtungen meist hohe Anforderungen an die finanzielle, zeitliche und ideelle Beteiligung der Eltern stellen, sind sie keine Lösung für alle, sondern haben den Hang, eine «elitäre» Sonderlösung zu werden. Eltern, die sich nicht so engagiert an einem Kindergarten beteiligen können, bleiben dann auch unter sich.

Ein Kindergarten für alle Kinder eines Wohnbereichs

Gegen diesen so scheinbar so überzeugenden Weg sprechen verschiedene Gründe:

- Kinder müssen dann für den Kindergartenbesuch aus ihrem Wohnumfeld getrennt werden. Sie können den Weg zum und vom Kindergarten nicht selbständig gehen, müssen zeit- und energieaufwendig transportiert und von den Kindern und Familien der Nachbarschaft getrennt werden. Aus guten Gründen wird in der sozialpädagogischen Diskussion immer wieder der «wohnbereichsnahe» Kindergarten gefordert. Dieses Konzept widerspricht dem Programm (religions-)pädagogisch spezifischer Einrichtungen, die sich jeweils auf ein großes Einzugsgebiet beziehen (müssen).
- Gibt es denn die relativ homogenen katholischen, protestantischen, sozialistischen Milieus noch, und wäre ihre Pflege durch öffentliche Bildungseinrichtungen denn wünschenswert? *Kinder ertragen durchaus verschiedene Erziehungsstile und -inhalte*, auch im religiösen Bereich. Sie leiden nicht darunter, wenn z.B. in der Familie vor dem Essen ein Gebet gesprochen wird, im Kindergarten aber nicht, sofern sich Eltern und Erzieherin nicht gegenseitig abwerten und das Kind in einen Loyalitätskonflikt bringen. Aber umgekehrt: Ist es nicht sehr wichtig, daß die Kinder von klein auf lernen, in engem Lebenszusammenhang zu sein mit Menschen, die anders sind, auch in ihrer Religionsausübung?
- Unsere Gesellschaft ist und bleibt *multikulturell* und damit auch *multireligiös*. Es gehört zum Grundbestand erzieherischer Aufgaben, Menschen zu befähigen, in dieser pluralistischen Situation ihre eigene Identität zu finden und zugleich tolerant zu sein gegenüber anderen Lebensstilen. Der soziale Friede in diesem Land hängt zu einem erheblichen Ausmaß davon ab, ob dies gelingt. Kulturell und religiös gemischte Kindergärten können dazu einen wertvollen Beitrag leisten, indem sie «Integration» von Anfang an als für alle bereichernd erfahrbar machen.
- Das aber heißt nicht, daß Kindergärten sich auf eine religiöse «Neutralität» zurückziehen können. Integration gelingt nicht,

wenn vermieden oder tabuisiert wird, was Menschen unterscheidet. Sie gelingt nur durch die möglichst vorurteilsfreie Begegnung. Die Integration von behinderten und nichtbehinderten Kindern kann ja gerade nicht heißen, daß die Behinderungen übersehen werden oder daß die Kinder einander möglichst angepaßt, gleich gemacht werden, sondern daß möglichst alle die Begegnung mit anderen mit all ihren Verschiedenheiten als bereichernd erleben können. So verhält es sich wohl auch bei der Integration religiös verschieden geprägter Kinder. Neutralität ist keine Lösung, ebensowenig natürlich die Entfremdung der Kinder von ihrem familiären religiösen Hintergrund.

• Der Auftrag öffentlicher Erziehung im Kindergarten ist also demnach ein doppelter:

Die Kinder sollen in der Ausprägung ihrer jeweiligen religiösen Identität gefördert werden, Muslime als Muslime, Christen als Christen und Atheisten als Atheisten; andererseits sollen alle Kinder in der Begegnung mit Andersgläubigen Toleranz und Gesprächsfähigkeit erwerben können. Dazu gehört auch die Entdekkung von religiösen Gemeinsamkeiten und Grundformen wie Sensibilität, Staunen, Dankbarkeit, Konzentration.

Wir sind in der Tat sehr entschieden der Meinung, daß nicht der vermeintlich religiös «neutrale» Kindergarten der religiös pluralen Situation entspricht, sondern der Kindergarten, der diesen doppelten Erziehungsauftrag wahrzunehmen versucht.

• Zur Kritik an der religiösen «Neutralität» gehört, daß auch scheinbar so unreligiös formulierte allgemeine Zielsetzungen wie die «eigenverantwortliche und gemeinschaftsfähige Persönlichkeit» Wertsetzungen sind, die nicht nur historisch religiöse Wurzeln haben, sondern auch gegenwärtig eine Begründung brauchen. Wie wenig selbstverständlich es ist, daß Kinder eigenverantwortliche und gemeinschaftsfähige Persönlichkeiten werden, zeigt jeder Blick in eine Kindergartengruppe oder eine Schulklasse.

• Zur Kritik an der vermeintlich zeitgemäßen religiösen «Neutralität» in der öffentlichen Erziehung gehört auch, daß dort Kinder bei einer schwierigen Aufgabe ihrer Entwicklung allein gelassen werden. Sie werden widerspruchslos der wirkungsvollsten Quasi-Religion überlassen, die es derzeit gibt, dem Konsumismus, dem

Glauben, daß der Mensch durch Besitz und Verbrauch von käuflichen Waren glücklich wird. Jedes lebendige Kind, das selbstvergessen mit ein paar Steinchen spielt, ist ein Gegenbeweis gegen den ersten Glaubensartikel dieser Quasi-Religion, ebenso wie gegen den zweiten Glaubensartikel des Konsumismus, der die Leistung und den Erfolg als Weg zum Glück verkündet.

Deutlich werden diese Gefahren etwa in der Weihnachtszeit, wenn sorgsam jeder Bezug auf die christliche Weihnachtsüberlieferung vermieden wird, aber die zu Werbeträgern heruntergewirtschafteten Symbole (wie Licht, Nikolaus, Rauschgoldengel) kritiklos gepflegt werden. Oder wenn in der Osterzeit munter Hasen und Eier gestaltet werden, aber jeder Bezug auf die österliche Hoffnung, auf das Leben gegen alle todbringenden Gewalten, vermieden wird.

• Bedroht ist dieser zweifache religiöse Bildungsauftrag des Kindergartens auch von seiten der Träger, die Kindergärten noch so betreiben, als kämen alle Kinder aus Familien mit eindeutiger konfessioneller Prägung. Verwehren sich Eltern gegen ein ihnen problematisch erscheinendes religiöses Angebot, so können sie in solchen Einrichtungen dem Argument begegnen: «Dies hier ist eben ein evangelischer Kindergarten. Wenn Ihnen das nicht paßt, dann melden Sie Ihr Kind doch in einem anderen Kindergarten an».

Diese Argumentation mit der – auch staatlicherseits betonten – Wahlfreiheit ist weithin zynisch. Eltern haben oft keine Wahl: sei es, weil die Wege zu anderen Kindergärten viel zu weit sind, sei es vor allem, weil es gar keine anderen freien Plätze gibt. Aber schon der sinnvolle Gesichtspunkt der Nähe des Kindergartens zur Wohnung macht die vorrangig religiöse Wahl des Kindergartens zur Illusion.

Wo diese Position vertreten wird, leiden oft auch die Erzieherinnen, die in einem Dilemma stehen zwischen den Erwartungen des Trägers (etwa in Gestalt eines Pfarrers oder Kirchenvorstandes) und ihrem Wunsch, authentisch, ehrlich, offen zu sein zu Kindern, Eltern und Kolleginnen ebenso wie zu sich selbst. Auch in all dem, was ihnen religiös unklar und fragwürdig erscheint.

Das zunehmend offene Gespräch zwischen Erzieherinnen und

Eltern und die gemeinsame Klärung in den Mitbestimmungsgremien (Elternvertretung, Kindergartenausschuß usw.) sind hier notwendige Schritte zu einer einvernehmlichen und pädagogisch verantwortlichen Lösung.

Wenn aber Kindergärten nicht die Vermittlung einer konfessionellen Prägung als religionspädagogische Aufgabe haben, dann wird auch die elterliche Erwartung hinfällig, der Kindergarten könne und solle «nachholen», was die Familie an religiöser Erziehung nicht hat leisten können. Begegnung und Toleranz setzen voraus, daß jedes Kind eine spezifische religiöse Prägung als die seine erlebt, wenn auch in allen Gebrochenheiten und Unsicherheiten, die Eltern haben mögen.

Diese primäre Begegnung mit einer religiösen Haltung (und eventuell auch mit einer religiösen Gemeinschaft und Organisation) brauchen Kinder, und sie zu geben kann nicht vorrangig Aufgabe einer Einrichtung sein, die für alle Kinder eines Wohnbereichs offen sein soll. Dafür zu sorgen ist eine Aufgabe der Familie, die nicht an den Kindergarten delegiert werden kann.

Die Kirchen versuchen dieser Situation dadurch zu entsprechen, daß sie neben den Kindergärten für alle vermehrt und verstärkt Angebote machen, in denen Kinder Inhalte und religiöse Lebensformen der jeweiligen Konfession erfahren können: Kindergottesdienste, Kinderbibelwochen, Familienfreizeiten usw. Solche spezifischen Angebote (zum Beispiel die Gestaltung eines Erntedankgottesdienstes) kann es auch im Kindergarten oder in engem Zusammenhang mit ihm geben, wenn für Eltern und Kinder eindeutig ist, daß es sich um ein freiwilliges Angebot handelt, zu dem jedes Kind und jede Familie, ohne negative Folgen befürchten zu müssen, Ja oder Nein sagen kann.

Was wir hier berichten, ist keineswegs nur graue Theorie. Es gibt in Kindergärten (und vereinzelt auch in Schulen) praktisch erprobte Versuche, ein solches Miteinander religiös verschieden geprägter Kinder (und Erzieherinnen) zu gestalten.

Überwundene Konfessionsgrenzen

Längst ist in den meisten Einrichtungen das Miteinander von Kindern aus katholischen, evangelischen und kirchlich ungebundenen Familien kein unüberwindbares Problem mehr. Die Religionspädagogik im Elementarbereich hat sich über Konfessionsgrenzen hinweg sehr angenähert. Katholische und evangelische Religionspädagoginnen und -pädagogen haben voneinander gelernt – und beide haben von den Humanwissenschaften gelernt, Kinder in ihrer sozialen Situation und in ihrer Entwicklung differenzierter wahrzunehmen. Je weniger Religionspädagogik verstanden wird als eine Vermittlung feststehender Inhalte und Verhaltensweisen (Lehrsätze, Gebete, Lieder, Bibelworte), je mehr sie vielmehr ihren Ausgangspunkt bei den Kindern nimmt (ihren Lebenssituationen, ihren Erfahrungen, ihren Gefühlen, Fragen und Problemen) und die christliche Überlieferung insoweit einbringt, als sie dafür hilfreich erscheint, um so ähnlicher werden sich die religionspädagogischen Entwürfe beider Kirchen.

In beiden Konfessionen plädieren maßgebliche Vertreter für eine Religionspädagogik, die sich am sozialpädagogischen Grundkonsens orientiert: Es gilt, die – verschiedenen – Lebenssituationen der Kinder wahrzunehmen und von ihnen ausgehend zu fragen, wie die Kinder in der Entwicklung all ihrer Fähigkeiten gefördert werden können. Religionspädagogische Angebote sind demnach keine isolierten sakralen Veranstaltungen, sondern sie müssen einbezogen sein in das alltägliche Miteinander. Man spricht von einer «integrierten Religionspädagogik». Dieser sozialpädagogische Grundkonsens wurde ausdrücklich auch von den Fachverbänden der Kirchen akzeptiert.

In der Praxis gibt es freilich nach wie vor davon abweichende religionspädagogische Ansätze. Die Grenzlinie zwischen kindorientierten Ansätzen und an der jeweiligen konfessionellen Tradition orientierten Ansätzen läuft quer durch die Kirchen.

Miteinander über Religionsgrenzen hinweg

In der Regel ist das binnenchristliche Miteinander kein schmerzhaftes Problem mehr. Dies ist es eher im Umgang mit Kindern, deren Familien anderen, nicht christlichen Religionen angehören. Es ist offenkundig schwer, deren nicht mehr nur ausnahmsweise und vorübergehende Anwesenheit zu akzeptieren und deren religiöse Tradition als gleichberechtigte zu respektieren.

In der Ausländerpädagogik ging es lange um die Anpassung der ausländischen Minderheiten an die Mehrheitsstruktur der Deutschen. Das trifft nicht mehr die soziale Situation. Jetzt muß es darum gehen, daß alle, Ausländer wie Deutsche, Christen wie Nichtchristen, lernen, in einer multikulturellen Situation gedeihlich miteinander zu leben und voneinander zu lernen. Das haben viele deutsche und christliche Familien noch nicht akzeptiert, auch viele Träger von Kindergärten nicht. Daß das Miteinander in Kindergärten oft relativ ruhig verläuft, hängt vielleicht öfter, als uns lieb sein kann, nur daran, daß die ausländischen Eltern ihre Abhängigkeit sehen und zähneknirschend still sind, um nicht den Kindergartenplatz zu verlieren.

Den Angehörigen anderer Religionen gegenüber gibt es sicherlich eine Arroganz, die sich zum Teil aus Ahnungslosigkeit und Hilflosigkeit, zum Teil sicher aber auch aus Überlegenheitsgefühlen speist.

Die Angehörigen anderer Religionen brauchen und verdienen das Mitgefühl und die Fürsprache der kritikbereiten Eltern, gerade auch diejenigen, die ihre eigene Religion bewußt leben und deshalb sensibel sind für die Verletzungen der religiösen Identität anderer.

Auch hierzu gibt es aus der Praxis ermutigende Berichte offener Akzeptanz und Dialogfähigkeit, die in der Tat beispielsweise den muslimischen Familien geholfen haben, in diesem Land bewußter und aufgeschlossener als Muslime zu leben, und christlichen Familien geholfen haben, bewußter Christen zu sein und sich gerade deshalb für muslimische Menschen und Überzeugungen zu interessieren.

So gibt es durchaus kirchliche Einrichtungen, in denen beim Mittagessen im Wechsel Gebete oder Worte gesprochen werden, die aus allen vertretenen religiösen Traditionen stammen. Es gibt kirchliche Einrichtungen, die christliche Feste so gestalten, daß muslimische Familien daran als beobachtende Gäste teilnehmen können, und die dann muslimische (oder jüdische, buddhistische oder andere) Familien bitten, ein Fest ihrer Tradition im Kindergarten auszurichten, an dem dann auch alle anderen Kinder als Gäste teilnehmen können.

Es tut dem christlichen Weihnachtsfest keinen Abbruch, wenn auch das muslimische Fastenbrechen gefeiert wird. Es geht dabei gerade nicht um ein religiöses Allerlei, sondern um bewußt vollzogene und wahrgenommene Vielfalt, in der nicht jedes Kind und jeder Erwachsene in gleicher Weise an allem beteiligt ist. Die Teilnahme an der Festfreude des Fastenbrechens oder des jüdischen Versöhnungsfestes «schadet» keinem Kind in der Ausbildung einer christlichen Identität, sondern eröffnet ihm eher ein Verständnis seiner eigenen religiösen Tradition.

Schwieriger noch mag es sein, wenn Kinder beteiligt sind, deren Eltern bewußt in Distanz zu allen religiösen Überlieferungen und Gemeinschaften leben wollen. Dies verlangt sicher auf allen Seiten viel Takt, damit es nicht zu Verletzungen kommt. Sicher ist es gut, wenn dann auch deutlich unreligiös vollziehbare Feste (wie Geburtstag, Sommerfest oder Abschlußfeier des Kindergartenjahres) sehr herausgehoben gefeiert werden.

Die Grenzen der Toleranz: Fundamentalismus

Die wirkliche Grenze dieses Ansatzes wird nicht durch irgendeinen religiösen Inhalt markiert, sondern durch die Haltung, die in neuerer Zeit als «Fundamentalismus» bezeichnet wird. Fundamentalisten brechen aus der Verunsicherung durch den Pluralismus aus in eine unbezweifelbare Bastion richtiger Überzeugungen, die nicht mehr befragt und relativiert werden dürfen. Fundamentalisten lernen nicht von Andersdenkenden, sie wissen schon alles. Fundamentalisten unterscheiden zwischen Wahrheit und Lüge, richtig und falsch, Licht und Finsternis – und halten das eine immer für identisch mit ihrer, das andere für identisch mit allen anderen Meinungen. Nicht mehr Christus ist christlichen Fundamentalisten «die Wahrheit», sondern ihr eigenes Verständnis von ihm. So ihres Glaubens sicher, können Fundamentalisten natürlich fast alle Mittel einsetzen, um andere für die (gemeint ist ihre) Wahrheit zu gewinnen, um das gemeinsame Miteinander ausschließlich aus ihren Werten heraus zu bestimmen.

Dann ist es nicht nur die eigene Sache, statt des Sonntags den «Sabbat» zu «heiligen», es muß der ganze Kindergarten daran gehindert werden, samstags ein Grillfest zu feiern. Dann ist es nicht mehr die eigene Entscheidung, dem Kind «Die kleine Hexe» nicht vorzulesen, es muß auch ein Faschingsfest mit dem Motto «Hexentanz» mit allen Mitteln für alle Kinder verhindert werden. Dann darf sich die Erzieherin im Blick auf die Erklärung der Geburt Jesu durch eine jungfräuliche Mutter nicht theologischen Deutungen anschließen, die darin keinen biologischen Tatbestand ausgedrückt sehen, sondern eine symbolische Wahrheit, denn dadurch verfällt sie einem unverzeihlichen Irrtum...

Es sind hier bewußt fundamentalistische Haltungen mit christlicher Färbung genannt, denn fundamentalistisch gebraucht werden können alle religiösen (und politischen) Überzeugungen, nicht nur der Islam. Es hat wohl mehr mit den kulturellen Umbrüchen und politischen Abhängigkeiten der arabischen und nordafrikanischen Völker zu tun als mit religiösen Inhalten, daß derzeit der Fundamentalismus im Islam besonders augenfällig und in militanten Formen in Erscheinung tritt.

Fundamentalismus ist nicht eine besonders lebendig ausgeprägte Form religiöser Identität, sondern ein mißglückter Versuch, diese zu gewinnen, weil er nicht aus der eigenen Erfahrung lebt, sondern von der Abwertung anderer, sich nicht den gegenwärtigen Problemen stellt, sondern sich in eine vermeintlich bessere Vergangenheit zurückzieht.

Weniger aufdringlich, manchmal aber auch nicht weniger unangenehm mag es sein, wenn die Kinder einer Kindertagesstätte «benutzt» werden, um die Eltern zu «gewinnen». So angebracht es sein kann, daß eine Kirchengemeinde im Kindergarten einladend auftritt, so unangebracht sind vereinnahmende Bemühungen. Der christlichen Überlieferung widersprechen sie zutiefst, wenn dabei Kinder als Mittel zum Zweck mißbraucht werden.

Es ist freilich nicht leicht für Kirchengemeinden, sich mit hohen finanziellen und personellen Aufwendungen für einen Kindergarten einzusetzen, der dann allen Kindern offensteht, also auch den Kindern uneingeschränkt zugute kommt, deren Eltern aus der Kirche ausgetreten sind. (Und sei es, um eben die Steuern zu sparen, aus denen kirchliche Kindergärten in der Regel zu etwa 30 % finanziert werden: die Kirchensteuer.) Solange sich Kirchen an der flächendeckenden Versorgung mit Kindergartenplätzen beteiligen, können sie sich dieses Problem nicht ersparen.

In der Gemeinde kommt immer wieder der Gedanke auf, Familien, die aus der Kirche ausgetreten sind (oder gar alle Familien, die nicht Mitglied einer «anerkannten» christlichen Kirche sind), mit höheren Gebühren an den Kosten zu beteiligen. Noch sind es eher Ausnahmen, wo dann auch tatsächlich so verfahren wird. Man mag sie bedauern. Angesichts schwindender Einnahmen der Kirchen wird diese Haltung verständlicher, wenn sie auch nicht gerade nobel ist, vielleicht nicht einmal christlich vertretbar. Es gibt freilich auch für aus der Kirche ausgetretene Eltern eine noble Lösung, wenn sie nämlich der betreffenden Gemeinde den Teil ihrer eingesparten Kirchensteuer spenden, der für Kindergärten ausgegeben wird. Im Fall der Ev. Kirche von Hessen und Nassau sind es z. B. etwa 10 % der Einnahmen aus der Kirchensteuer, die in den Betrieb kirchlicher Kindergärten fließen.

Arbeitsplatz kirchlicher Kindergarten

In diesem Kapitel war viel von möglichen Konflikten die Rede, in die Sie in Sachen religiöser Erziehung in Kindergärten geraten können. Zum Schluß wollen wir Sie noch an die erinnern, die diese Konflikte noch viel unmittelbarer zu spüren bekommen können: die Erzieherinnen.

Daß zwei Drittel aller Kindergärten von den Kirchen betrieben werden, heißt ja auch, daß die Mehrzahl der Arbeitsplätze von Erzieherinnen (und Sozialpädagoginnen) in kirchlicher Hand sind. Der Konflikt um die Pluralität wird auf der Ebene der Anstellungsbedingungen von Erzieherinnen wesentlich heftiger ausgetragen als im Blick auf die Aufnahmebedingungen der Kinder. Arbeitsrechtlich haben die Kirchen viel Spielraum, ihre Bedingungen zu stellen. Das gehört zur Freiheit der «freien Träger». Daß eine verantwortlich arbeitende und von Kindern wie Eltern akzeptierte Erzieherin mitten im Kindergartenjahr die Arbeit in einem katholischen Kindergarten beenden muß, weil sie ihre Partnerschaft zu einem geschiedenen Mann nicht verleugnet, ist juristisch berechtigt, aber für Menschen, die nicht zur katholischen Kirche gehören, kaum nachvollziehbar. In der evangelischen Kirche wird hart gestritten in der Frage der Anstellung muslimischer Erzieherinnen in Kindergärten, die von muslimischen Kindern besucht werden. Soll die multireligiöse Akzeptanz nur für die Kinder gelten oder auch für die professionellen Erzieherinnen? Verliert ein kirchlicher Kindergarten dann nicht endgültig seine Identität? Andere sehen statt dieser Befürchtung darin gerade die Chance, in christlicher Verantwortung zu zeigen, wie das Miteinander verschiedener Religionen auf der Basis von Toleranz und demokratischen Spielregeln gestaltet werden kann.

Erzieherinnen in kirchlichen Kindergärten stehen in einem arbeitsrechtlichen Abhängigkeitsverhältnis von den Kirchen, das vor allem in Zeiten des Mangels an Arbeitsplätzen (dieser Mangel herrschte noch vor einigen Jahren und in manchen Regionen ist das heute noch so) zur Fessel werden kann. Erzieherinnen brauchen dann doppelt die Solidarität von Eltern – zur Abwehr von

Machtansprüchen der Träger ebenso wie von fundamentalistischen Forderungen von Eltern. Denn unübersehbar findet – trotz und vielleicht wegen vieler rassistischer Untaten- in den Kirchen ein intensiver Lernprozeß in Sachen Akzeptanz der multireligiösen Situation statt. Ihn gilt es zu fördern. In kirchlichen Kindergärten können Eltern dazu erheblich beitragen.

(Egbert Haug-Zapp)

Zehn Gebote für den Umgang mit Kindern

1 Du sollst Kinder achten wie dich selbst.

2 Du sollst einem Kind nicht vorenthalten, was dir wichtig ist: nützliche Arbeit, Verantwortung, Verfügung über ein Eigentum, über die Einteilung der Zeit, über die Wahl der Freunde.

3 Du sollst ein Kind nichts lehren, woran dir selber nichts liegt; du sollst es nicht langweilen.

4 Du sollst nichts für ein Kind tun, ohne es zu fragen; auch wenn es weder deine Fürsorge noch deine Frage versteht – es ist gut, wenn du diese Gewohnheit hast.

5 Du sollst nicht wegsehen, es soll dir nicht gleichgültig sein, wenn ein Kind etwas Falsches tut, Unwahrheiten, Torheiten, Grausamkeiten begeht.

6 Du sollst eines Kindes Liebe und Vertrauen nicht zurückweisen – sowenig wie seine Trauer, seine Angst, seine Neugier, seine Phantasie.

7 Du sollst ein Kind nicht anders «machen» wollen, als es ist – aber du sollst ihm helfen, anders zu werden, wenn es das will. Du sollst vor allem nicht machen, daß es will.

8 Du sollst, wie du einen Zehnten für die Kirchen gibst, in dieser Welt einen zweiten Zehnten für die Kinder geben – die fernen wie die nahen, die dies brauchen.

9 Du sollst an der Welt arbeiten, so daß du sie ohne Scham den Kindern übergeben kannst.

10 Du sollst nicht Kinder haben, wenn du dir nicht vorzustellen vermagst, daß sie ein würdiges Leben in ihrer Zeit führen können.

(Aus: Hartmut von Hentig: Bibelarbeit. Verheißung und Verantwortung für unsere Welt, München/Wien 1988: Hanser)

11. Neugier und Angst

Der große Schritt in die Schule

Der Übergang vom Kindergarten in die Schule (und womöglich den Hort) ist in mehrfacher Hinsicht für die religiöse Erziehung wichtig:

1. Wie jeder *Übergang von einer Lebensphase in eine andere* schafft auch dieser Unsicherheiten, und es ist eine der ureigenen Funktionen von Religion, bei der Bewältigung solcher Übergänge mit Riten zu helfen. Die Schultüte ist auf eine weltliche, der Schulanfänger-Gottesdienst auf kirchliche Weise dafür ein Angebot.
2. Schulkinder orientieren sich in besonderer Weise an der «peer-group», d. h. an der *Gruppe der Gleichaltrigen.* Deren Einfluß nimmt im Grundschulalter stark zu, entsprechend weniger unangefochten ist die Rolle der Eltern und anderer Erwachsener. Die Grundschullehrerin hat es mit der Autorität schon aus diesem Grund sehr viel schwerer als die Erzieherin im Kindergarten. Es entstehen die zahllosen Normkonflikte zwischen dem, was die Eltern wollen und für richtig halten, und dem, was (vorgeblich) die andern dürfen und tun. Wie kommen Kinder in dieser Normen- und Wertevielfalt zurecht?
3. Das Hauptproblem der Schule ist für die Mehrzahl der Kinder nicht die geforderte Leistung (zumal die Grundschulen hier dazugelernt haben). Das Hauptproblem ist vielmehr die *Angst, nicht akzeptiert zu werden,* die soziale Angst. Wie kommt ein Kind damit zurecht, wie kann ihm geholfen werden?

Scouty

4. Mit dem Eintritt in die Grundschule stellt sich die Frage des *konfessionell verantworteten Religionsunterrichts*. Es geht nicht mehr um religiöse oder christliche Erziehung, sondern um evangelischen oder katholischen Religionsunterricht. Der Sinn und die Berechtigung dieses Unterrichts sind umstritten. Als Alternative wurde das Fach «Ethik» eingeführt, Koran-Unterricht für muslimische Kinder wird gefordert. Am weitesten im Aufgreifen der multireligiösen Wirklichkeit geht bisher der Versuch des Landes Brandenburg, für Kinder aller Religionen und ebenso für konfessionslose einen gemeinsamen Unterricht «Lebensgestaltung/Ethik/Religion» anzubieten.

Diesen vier Themen soll hier nachgegangen werden. Zu diesen und anderen Aspekten des Schuleintritts vgl. auch Schön, Bernhard (Hg.): Schulstart, Reinbek: Rowohlt 1995.

Von der Schultüte und anderen Übergangsriten

«Nur in ihrem Hof, dem Hof von Haus 26, war es nicht ganz so grau. Da stand nämlich der Zuckertütenbaum. Er stand genau in der Ecke des Hofes, wo für einige Stunden am Tag die Sonne hinkam. Eigentlich war es gar kein richtiger Baum, sondern mehr ein Strauch. Frau Lehmann wußte sogar seinen Namen: Weigelie. Das klang hübsch, es klang genauso, wie die zarten rosa Glöckchen aussahen, die im Frühling in seinen Zweigen blühten…

Der Zuckertütenbaum war nicht nur hübsch, er war auch ein Zauberbaum. Jedes Jahr, wenn ein Kind zur Schule kam, wuchs an ihm eine Zuckertüte. Dieses Jahr kamen gleich zwei Kinder zur Schule: Vroni und Sanne. Würde der Baum auch zwei Zuckertüten tragen? … Und nun trug er sogar zwei Zuckertüten. ‹Zwei ganz gleiche›, hatte Heiner gesagt. Sanne konnte keinen Augenblick länger warten…

Im ersten Stock stand Ellen. Sie schien auf Sanne gewartet zu haben. Ellen trat dicht an Sanne heran und sagte: ‹Bah, eure Zuckertüten hat Frau Lehmann dran gehängt, als ihr in der Schule wart. Ich habe es genau gesehen.› Sanne kniff wütend die Lippen zusammen und ging stumm an Ellen vorbei die Treppe weiter nach oben. ‹Ha, die glaubt noch an den Weihnachtsmann und an Zuckertütenbäume›, schrie Ellen ihr höhnisch nach. ‹Du blöde Kuh›, hätte Sanne am liebsten zurückgeschrien. ‹Klar weiß ich, daß es den Weihnachtsmann und den Osterhasen nicht wirklich gibt. Und ich weiß auch, daß auf Bäumen keine Zuckertüten wachsen können. Aber es ist schön, sich vorzustellen, es gäbe so etwas wirklich› ...»

(Hartig, Monika: Wann blüht der Zuckertütenbaum? Würzburg: Arena 1986, S. 11-15)

Dieser Teil der Beschreibung eines ersten Schultages aus der Zeit des Zweiten Weltkriegs schildert sehr genau den Schwebezustand zwischen Wunschwelt und Realitätssinn, der für viele Schulanfänger – trotz aller medialen Aufklärung auch heute noch – typisch ist. Dieses Alter ist ein Wandern zwischen zwei Welten, letztlich aber doch der endgültige Übergang in die Welt der Tatsachen. Die Szene zeigt: Der Übergang ist ein schmerzlicher Abschied aus der Welt der Märchen und Phantasien. Auch wenn er in Gedanken längst vollzogen ist, so sind doch die Wünsche noch fest verankert in den phantastischen Möglichkeiten der Märchenwelt.

Was heißt es, ein Kind auf diesem Übergang zu begleiten? Das Ritual «Zuckertüte» oder «Schultüte» hilft als Brücke. Es geht ja nichts verloren, wenn diese Tüte in einem halben Jahr etwas verstaubt und völlig entmythologisiert auf einem Schrank liegt. Sie hat dann ihre Aufgabe erfüllt, die bangen Gedanken beim Übergang zu versüßen und dem Kind die Wichtigkeit des Schrittes, den es tut, zu versichern.

Es ist für Kinder sehr wichtig, wer diesen ersten Schultag mit ihnen erlebt. Viel mehr als eine Begleitung braucht es nicht zu sein. Agieren will das Kind selbst, aber es braucht dazu Bewunderer. Ein entscheidendes bißchen mehr als anwesend zu sein ist allerdings nötig. Die Begleiter müssen dem Unüberschaubaren die Aura des Geheimnisvollen und Bedeutungsvollen geben, die sich dann zum Schluß in Zuckersüße auflöst. Sie sollen, kurz gesagt, da sein, um das Happy-End des unsicheren Unternehmens symbolisch zu garantieren. «Ich freue mich mit dir, daß du nun schon so groß bist. Und ich bin sicher, du schaffst, was da auf dich zukommt» – das etwa ist die Botschaft, die das Kind braucht. Und es braucht diese Botschaft nicht nur in Gestalt von Worten, sondern vermittelt durch ein Ritual.

Deshalb scheint es sinnvoll, die Schultüte doch nicht nur als Zuckertüte zu verstehen. Das klingt zu sehr nach Versüßen des an sich «sauren Weges». In die Schultüte gehören eher Zeichen zukünftiger Bedeutung: Ein Wecker z. B. signalisiert die sich ankündigende Wichtigkeit, ein Buch für Telefonnummern und Adressen verweist auf die neu gewonnene Selbständigkeit.

Aber die Schultüte bleibt doch dem Konsum sehr verhaftet. Derzeit vielleicht mehr denn je. Hier setzt die Aufgabe und die Chance eines Schulanfangs-Gottesdienstes und auch anderer Schulanfangs-Feiern an.

Hier ist der Ort, wo jedes Kind gleiche Aufmerksamkeit findet. Und es ist wohl auch sehr wichtig, daß die Kinder nicht nur pauschal als «die Erstkläßler» empfangen sondern einzeln gerufen und wahrgenommen werden.

«Du, die einmalige Person, beginnst jetzt einen Weg, der verborgen vor dir liegt. Du hast Kräfte, und du hast Helfer. Die Eltern helfen, die Lehrerin hilft, die Mitschüler helfen hoffentlich auch – und in alledem und darüber hinaus hilft dir Gott, der dir alle deine Gaben gegeben hat. Die Eltern geben jetzt ein großes Stück unmittelbarer Begleitung auf. Du bist deshalb aber nicht allein und verloren in einer beängstigenden Welt. Du darfst deinen Kräften, du darfst anderen, du darfst Gott vertrauen.»

Normenkonflikt zwischen Gleichaltrigen und Elternhaus

Tobias war bisher gewohnt, sich sehr offen mit seinen Eltern auseinanderzusetzen, auch unangenehme Wahrheiten zu sagen. Er wußte, daß es zwar Ärger geben konnte, aber daß dies das Verhältnis zu den Eltern nicht belastete. Nun ist er seit dem Frühjahr nachmittags auch mit dem Fahrrad unterwegs. Und die Verlokkung ist natürlich ungeheuer groß, zusammen mit seiner losen Clique die Grenzen zu überschreiten, die die Eltern räumlich gezogen haben. Andere dürfen schon weiter als er, andere haben Geld dabei und kaufen Süßigkeiten ein, andere lachen ihn aus, wenn er andeutet, daß er dies oder jenes nicht soll. Tobias kommt in ernsthafte Probleme. Zuerst werden sie dadurch deutlich, daß er an scheinbar völlig unnötigen Punkten seine Eltern in einer Tonart anmotzt, die in der Familie nicht üblich ist.

Bianca hatte sich immer schon dringend einen Hund gewünscht. Nun lernt sie in der Schule ein gleichaltriges Mädchen kennen, bei dem zu Hause gleich zwei Hunde sind. Oft geht sie dort hin und führt gemeinsam mit dem anderen Mädchen die Hunde aus. Immer deutlicher kopiert sie diese ihrer Hunde wegen bewunderte und beneidete Schulfreundin Nadine. Plötzlich will sie auch unbedingt deren Puppen, deren Schuhe, deren Frisur ... Und um ihren Wünschen näher zu kommen, setzt sie Mittel ein, die den Eltern zuwider sind. Die Großeltern, gerne bereit, durch Geschenke ihre Beliebtheit zu steigern, werden eingespannt. Es häufen sich die «Szenen» ...

Solche Normkonflikte kennen viele Eltern schon aus dem Kindergarten, spätestens mit Eintritt in die Grundschule lassen sie sich nicht mehr vermeiden. Einerseits sind die Klassen weithin so gemischt, daß unterschiedliche Lebensstile und Normen sichtbar werden, zum andern sind die Kinder nun selbständiger und lösen sich innerlich von den Eltern als einzigen Vorbildern ab. Anderes ist schon deshalb interessant, weil es anders ist. Zwar läßt der Einfluß der Eltern nach, doch sind andererseits die Kinder noch nicht autonom in ihren Entscheidungen. «Gut» ist für sie zunächst noch das, was «alle» oder eben wichtige Andere tun.

Solche Probleme können nicht vermieden werden. Den Umgang mit Kindern, die andere Normen haben, zu verbieten, ist eine Scheinlösung. Das Ziel kann nicht sein, wieder eine homogene Wertewelt herzustellen (wie es sie früher mancherorts vielleicht gab), das Ziel kann nur sein, daß das Kind lernt, in einer Vielfalt von Werten und Moralvorstellungen seinen Standpunkt zu finden.

Das geht nur in einem mühevollen Prozeß, der nur an ganz wenigen Stellen mit rigiden Verboten beschnitten werden darf. Hauptsache müssen das Verhalten der Eltern und das Gespräch bleiben. Gespräche, d. h., daß die Konfliktsituationen immer wieder durchgesprochen und so wenig wie möglich autoritativ entschieden werden. Immer wieder muß das Kind den Weg argumentativ gehen können: Andere dürfen das; drum steht es mir eigentlich auch zu; es wäre nicht verkehrt, wenn ich es auch täte; ich sehe aber, daß es gute Gründe gibt, mich anders zu verhalten als andere ... Das ist kein leichter Weg für ein Kind (für Erwachsene ist er an ihnen wichtigen Punkten ja immer noch nicht einfach), aber nur dieser mühsame Weg führt weiter.

Den Argumenten der Eltern gibt nicht der Wortreichtum Gewicht, sondern das eigene Verhalten.

Angst und (Schul-)Versagen

Die zentrale Gefahr der Zeit des Schulstarts heißt: Angst, Angst die gerade das hervorruft, was sie befürchtet, nämlich das Versagen. Dabei ist es oft nicht die Angst, daß eine geforderte Leistung nicht gebracht werden kann, sondern es ist die Angst, mit dem, was man (das Kind) ist und kann, nicht akzeptiert zu werden. Das Kind traut sich vielleicht zu recht zu, daß es Lesen und Schreiben lernt, warum auch nicht? Aber: Wird der Lehrerin ausreichen, wie es liest oder schreibt? Wird es schlechter sein als andere und dafür ausgelacht werden? Und wird es sich im Chaos der Pause durchsetzen können? Die Angst bezieht sich bei Schulanfängern weniger auf ein Versagen vor einer Leistungsnorm als eben vor der Nichtakzeptanz. Schulangst ist in erheblichem Umfang soziale Angst.

Zu den Wirkungen der Angst auf das Schulverhalten und zu Möglichkeiten elterlicher Hilfe geben wir einige Passagen aus einem Aufsatz des Fachjournalisten Dr. Horst Speichert wieder, der im Themenheft «Schulvorbereitung» der Ev. Fachzeitschrift «TPS-Theorie und Praxis der Sozialpädagogik» (Bielefeld: Luther-Verlag, Heft 1/91, S. 11 ff) erschienen ist.

Schulangst
Wenn Wissenschaftler Schulangst in der Regel mit Prüfungs- oder Leistungsangst gleichsetzen, dann hat das zur Ursache, daß Schulunterricht von Anfang an ein ständiges Vergleichen und Verglichenwerden im Hinblick auf die Leistungsnormen der Schule bedeutet. Dabei geht es einmal um die Disziplin und zum anderen um die Erfüllung der Lernanforderungen.

Da die Schule spätestens in der vierten oder sechsten Klasse zwischen den Kindern unterscheiden muß, werden ab der dritten, häufig aber schon ab der ersten Klasse vergleichende Bewertungen gegeben. Das heißt, daß im Unterricht viele Kinder – gemessen am Durchschnitt der Klasse – «versagen». Durch diese besondere Art der Leistungsmessung in der Schule wird immer ein Teil der Kinder als unterdurchschnittlich und «schlecht» gebrandmarkt, völlig unabhängig davon, wie gut z.B. die individuellen Lernfortschritte eines Kindes waren. Damit wird bei einem großen Teil der Kinder systematisch Angst vor jeder Prüfungssituation und Leistungsmessung «gezüchtet» und die Lernlust zerstört.

Noch schlimmer ist, daß solche Kinder in ihrem Selbstwertgefühl erheblich beeinträchtigt werden, was weitreichende Folgen haben kann.

Gelassenheit
Wenn Eltern und Erzieherinnen nicht so «wild» auf Schulleistung sind, wenn sie das Kind auch bei Mißerfolg in der Schule wertschätzen und es zu trösten vermögen, statt es herabzusetzen, dann wird das Kind auch damit klarkommen, daß es kein besonderes Schullicht ist.

Es wird es zwar als unangenehm erleben, wenn es in Prüfungssituationen gerät, wenn es abgefragt, an die Tafel gerufen wird, die Hausaufgaben vorzeigen, eine Klassenarbeit schreiben muß. Seine Angst in solchen Situationen wird aber nicht überwältigend werden, weil es sich ja bei anderen wichtigen Menschen aufgehoben weiß. Wenn es versagt, ist das zwar schlimm, aber es steht nicht die ganze Existenz auf dem Spiel. Die Schule wird für so ein

Kind nie eine überlebensgroße Rolle spielen. Es wird sich so durchkämpfen, aber keinen Schaden an der Seele nehmen. Es wird sich in anderen Bereichen engagieren, etwa im Sport oder der Kunst, und es kann sehr wohl sein Selbstwertgefühl entwikkeln, auch ohne oder sogar gegen die Schule.

Wenn die Schule überlebensgroß ist

Wenn Eltern und Erzieherinnen «schulfromm» sind und der irrigen Meinung unterliegen, nur durch eine ordentliche Schulkarriere sei das zukünftige Glück des Kindes zu sichern, dann dreht sich die Schraube in die negative Richtung. Dann entsteht ein Teufelskreis «Vom Versagen zum Verzagen und Versagen». Was die Eltern angeht, so ruhen diese nicht in sich selbst, und es ist außerordentlich schwer, ihnen und damit ihren Kindern zu helfen, sie zu unterstützen. Solche Eltern starren auf die Nachbarn, horchen auf Klassenabenden angstvoll, was die anderen Eltern über ihre Kinder erzählen, wollen wissen, ob die andere Klasse im Buch schon weiter ist… Sie sehen das als Sorge um ihr Kind, um dessen «Zukunft», aber der Schrecken geht von der Umwelt aus. Den Mitmenschen gegenüber fühlen sie sich mit dem Kind eins. Seine Erfolge sind ihre Erfolge, seine Niederlagen sind ihre Niederlagen. Und da sie Niederlagen nicht ertragen können, üben sie einen unerträglichen Druck auf ihr Kind aus. In diese Haltung können auch Erzieherinnen geraten. Dann hat das Kind wenig Chancen, sich Kompensation für die Kränkungen seines Selbstwertgefühls in der Schule zu holen.

Kommt zu Versagen in der Schule das Verzagen vor den Eltern, dann ergibt sich hier eine besondere Aufgabe für die Erzieherin im Hort, kompensatorisch tätig zu werden. Ansonsten kommt es zu immer neuen Blockaden und zu weiteren Versagungserlebnissen, zur negativen Schulkarriere.

Warum und wie Schulangst sich verkleidet

Erzieherinnen und Eltern können sich glücklich schätzen, wenn ihre Kinder von ihrer Schulangst erzählen können. Sehr häufig nämlich hat es mit der Schulangst dieselbe Bewandtnis wie mit allen anderen Ängsten auch. Sie verkleidet sich: als morgendliche Müdigkeit, als Bauchweh, Rücken- oder Kopfschmerzen. Wie kommt das? In unserem Kulturkreis ist es nicht unbedingt üblich und normal, eigene Ängste wahrzunehmen und anderen mitzuteilen. Angst zu haben ist tabuisiert. Man ist dann leicht ein «Angsthase», der «sich nicht so anstellen soll», wird als «wehleidig» abgekanzelt und so fort. Wenn Eltern und Umgebung nicht nur Leistung fordern, sondern dem Kind auch noch nahegebracht haben, seine Ängste nicht wahrzunehmen und schon gar nicht darüber zu sprechen, dann wird es kritisch. Dann bleiben dem Kind nur noch unbewußte Notsignale und Verweigerungs-Strategien: Krankheit oder Leistungsversagen in der Schule.

(Horst Speichert)

Der Beitrag der Eltern zur Schulerziehung der Kinder ist also zuerst ein Auftrag zur Selbsterziehung: das Kind nicht zu befrachten mit der Aufgabe, den Eltern Zufriedenheit, Selbstwertgefühl, Anerkennung verschaffen zu müssen (einige wenige Kinder leisten das auch, glücklich werden sie dabei aber nicht).

Stützung des Selbstwertgefühls bleibt der positive Auftrag der Eltern, denn die beängstigenden Elemente können nur zu einem kleinen Teil reduziert werden. Der Pausenhof oder der Schulbus sind für viele Kinder emotional wichtigere Orte als das Klassenzimmer. Häufig fühlt sich die Schule dafür nicht oder nur am Rande verantwortlich. Die Eltern aber können nicht die Situation verändern, sondern nur ihrem Kind helfen, die Situation zu entdramatisieren. Ein wesentlicher Schritt dazu kann es sein, daß das Kind eine Schulfreundin oder einen Schulfreund gewinnt (oder deren mehrere). Das Kind dabei zu unterstützen, durch Einladungen von Kindern, Gesprächen mit anderen Eltern usw., ist oft die entscheidende Hilfe.

Dazu gehören sicher auch viele Gespräche, gerade in den «kritischen» Zeiten, vor Schulbeginn (wo leider oft so wenig Zeit ist, wenn sie nicht mit eiserner Aufstehdisziplin gesichert wird), nach Heimkehr von der Schule und beim Einschlafen. Hilfreich sind hier auch stabilisierende Rituale, wie z.B. ein gemeinsam gesungener Liedvers beim Weggang zur Schule und ein Abendgebet, das Raum läßt, Beschwerliches loszuwerden und Mut für den neuen Tag zu schöpfen.

Religionsunterricht

Der von den Kirchen verantwortete und vom Staat bezahlte konfessionelle Religionsunterricht als ordentliches Lehrfach an Schulen ist Ausdruck der «hinkenden Trennung» von Staat und Kirche, die sowohl 1919 (in der Weimarer Republik) wie 1949 (in der BRD) zu einer Reihe von Vorrechten und Verpflichtungen der Kirchen führte.

Diese Lösung, daß die beiden großen Konfessionen den Religionsunterricht in der öffentlichen Schule leisten, ist Ausdruck der volkskirchlichen Situation, nach der die überwiegende Mehrheit der Bevölkerung einer dieser beiden Kirchen angehört. Allerdings war der Religionsunterricht von Anfang an das einzige Fach, von dem Schüler abgemeldet werden konnten und zu dem kein(e) Lehrer(in) gezwungen war. Diese sachlich sicher berechtigte Sonderregelung führte freilich dazu, daß Schüler sich nicht aus fachlichen Gründen abmeldeten, sondern auch aus Bequemlichkeit oder auch, um ihren Unmut an der Schule insgesamt an dieser Stelle auszudrücken.

In der ehemaligen DDR hat der Staat im Zuge einer konsequenten Trennung von Staat und Kirche den Kirchen den Zugang zur Schule verwehrt und im Sinne seiner kommunistischen Grundlage Religion in der Schule nur noch als Gegenstand der Kritik zugelassen. Die Kirchen mußten ihre Angebote völlig selbständig aufbauen, da der Staat aber quasi-religiöse Ersatzangebote schuf (z.B. Jugendweihe), kam es zu einem teilweise offenen, teilweise verdeckten Machtkampf, in dem die Kirchen allenfalls Nischen verteidigen konnten.

Inzwischen hat sich die religiöse Situation in der gesamten Bundesrepublik deutlich verändert. Neben den beiden großen und verschiedenen kleinen christlichen Religionsgemeinschaften sind viele nichtchristliche Religionen vertreten, und es gibt eine wachsende Zahl von Menschen, die keiner Religionsgemeinschaft angehören (was nicht heißt, daß ihnen Religion gleichgültig wäre).

Es gibt im wesentlichen zwei Hauptlinien, mit denen eine Antwort auf diese neue Situation versucht wird: Entweder muß die Zahl der Angebote vermehrt werden, um allen größeren religiösen Gruppierungen ein angemessenes Angebot machen zu können; oder es muß ein Angebot entwickelt werden, in dem das ganze Spektrum religiöser Gruppierungen berücksichtigt wird.

Im Zug der Gleichberechtigung und Gleichbelastung wurde für Schüler, die nicht am konfessionellen Religionsunterricht teilnehmen wollen, das Fach «Ethik» eingeführt. An Waldorfschulen gibt es neben dem von den Kirchen verantworteten Religionsunterricht auch den Unterricht der Christengemeinschaft und den freien christlichen Unterricht der Anthroposophischen Gesellschaft. Im Sinne solcher Gleichbehandlung wird für Schulen, die von Angehörigen anderer Religionen besucht werden, ein entsprechendes Angebot gefordert.

Sicher muß die öffentliche Schule fordern, daß solche Angebote den pädagogischen Standards entsprechen und den allgemeinen Zielsetzungen der Schule nicht widersprechen. Weder dürfte der Unterricht in der Form eines Paukbetriebs erfolgen, noch Inhalte etwa rassistischer oder sexistischer Art vermitteln. Damit ist freilich ein Konfliktfeld zwischen der Gesamtverantwortung der Schule und der Freiheit der Religionsgemeinschaften benannt.

Die zweite Diskussionslinie bestimmt die Aufgabe der Schule anders: Ihre Aufgabe ist nicht vorrangig, Raum zu schaffen für unterschiedlich ausgeprägte religiöse Angebote, ihre erste Aufgabe besteht darin, ein Lern- und Lebensort zu sein, an dem sich Menschen unterschiedlicher Religiosität begegnen, im Geist der Toleranz miteinander umgehen und voneinander lernen. Im Religionsunterricht der Schule geht es dann um ein wechselseitiges Kennenlernen, Hinterfragen und möglichst auch Bereichern. Die Weitergabe spezifischer Glaubensüberlieferungen und die Hilfen beim Aufbau einer jeweiligen religiösen Identität ist nicht Sache der öffentlichen Schule, sondern des Elternhauses und der Religionsgemeinschaften außerhalb der Schule. Dieser Ansatz wird vertreten durch eine entsprechende Veränderung des kirchlichen Religionsunterrichts, wie sie von manchen Religionspädagogen angestrebt wird. Noch konsequenter wird diese Linie in einem Modellvorhaben des Landes Brandenburg verfolgt. Hier wird die Trennung ganz aufgehoben und ein für alle, auch religiös völlig Distanzierte, entworfenes Fach «Lebensgestaltung/Ethik/Religion» erprobt. Die evangelische Kirche hat diesem Versuch nach vielen Bedenken zugestimmt, die katholische Kirche blieb bisher bei ihrer Distanz.

Unumstritten ist zwischen beiden Ansätzen, daß zur religiösen Erziehung in einer multireligiösen Gesellschaft beides gehört, einerseits die Ausprägung unterschiedlicher religiöser Identitäten, andererseits das Einüben von tolerantem Miteinander. Umstritten ist zwischen beiden, was Aufgabe der öffentlichen Schule sein kann und soll. Sicher wird es nicht zuletzt von der Reaktion der Elternschaften abhängen, welches Konzept sich durchsetzen wird.

(Egbert Haug-Zapp)

Vom Lebenssinn, den Kinder geben sollen

«Hast du ne Ahnung,
was ma hier soll?
Wo?
Na, uffe Welt.
Logisch: Groß wer'n.
Und denn?
Verdien'n.
Für wen?
Für deine Kinder.
Und was solln die?
Verdammt!»

(Aus: Wolf-Dietrich Schnurre: Ich frag ja bloß,
Berlin 1992: Ullstein)

12. «Wie Kinder fromm und fröhlich sein ...»

Mit allen Sinnen Religion er-leben

Kinder lassen sich auf den Augenblick ein. Was sie sehen, hören, riechen und spüren, macht sie neugierig, regt sie an, sich damit zu beschäftigen. Je kleiner das Kind ist, um so eindrucksvoller können wir das beobachten. Es will die Dinge, die es sieht, auch anfassen, daran riechen, das ganz kleine Kind schiebt sie sich sogar in den Mund und will daran lutschen und schmecken.

Kinder drücken ihre Gefühle unmittelbar mit dem Körper aus, in Bewegung und Gestik. Zu Musik können sie ganz unbefangen tanzen, wenn sie sich freuen, hüpfen sie, wenn sie wütend sind, stampfen sie mit den Füßen auf. Trauer, Trotz, Verletzung, Schmollen, Schmerz, Angst und Kranksein, all diese Gefühle und Stimmungen können Eltern bei ihrem Kind äußerlich erkennen, weil es die ihm ureigenen körperlichen Ausdrucksformen dafür findet und sich immer wieder damit ausdrückt.

Liebe, Zuneigung, Nähe und Geborgenheit erlebt das Kind in körperlicher Nähe, Körperwärme, Berührung, Streicheln und Umarmung. Schlagen, Kratzen und Wegdrücken sind Ausdruck von Ablehnung, Verletzung und Wut. Es ließen sich zahllose Beispiele dafür finden, wie Kinder noch in einer unmittelbaren Verbundenheit zwischen Körper, Seele und Geist leben und erleben können.

Er-leben bedeutet für das Kind: sich mit den Dingen tätig auseinandersetzen, erfühlen, beobachten, untersuchen, experimentieren ... In dieser Weise macht es sich auf den Weg, das Leben zu be-greifen.

Wer Kinder erlebt, spürt oft selbst etwas von der Energie, der Kraft und Freude, die durch Sinnesausdruck und Sinneslust entstehen können. Es gibt Momente, in denen springt solches Erleben wie ein Funke vom Kind auf Eltern und Erwachsene über. Das sind die Augenblicke, in denen Erwachsene spüren, warum wir Kinder brauchen und nicht nur sie uns. Dies drückt auch Matthias Claudius in dem in der Titelzeile zitierten Vers seines bekannten Abendliedes «Der Mond ist aufgegangen» aus.

Sinnesfreude – Lebensfreude

Sinnesfreude und Sinneslust sind Nährboden für Lebensfreude, Lebenslust und Lebensbejahung. Eine positive Einstellung zum Leben kommt einem Menschen zugute in Krisenzeiten, Zeiten der Angst, des Kummers und der Trauer. Durch solche Phasen hilft ihm nicht ein dickes Fell, das verschließt und verhärtet auf die Dauer nur noch mehr, sondern die Fähigkeit, im Dunkeln auch noch Lichtpunkte zu erkennen, in der Unsicherheit auch noch die Spuren von Geborgenheit zu spüren oder sich daran zu erinnern.

Die Wurzeln solch einer Lebenshaltung liegen in der Kindheit. Hier entscheidet sich, ob die Sinneserfahrung und der Sinnesausdruck als Freude und Lust empfunden werden darf oder ob ihm der Stempel des Bösen aufgedrückt wird, das verdrängt werden muß. Kindliche Unbefangenheit kann schnell erstickt werden durch eine Moral, die Lust und Neugier, Sinnlichkeit und Sexualität, Spontaneität und individuelle Ausdruckskraft verbietet oder gar verteufelt. Solche Moral kennt eine Menge Zwischentöne, für die Kinder mit feinsten Antennen empfänglich sind.

Weil sie vom Erwachsenen abhängig sind, weil sie von den Eltern geliebt werden wollen oder weil sie ihr Urteil oder ihre Strafe fürchten, beginnen Kinder dann ihre Sinneslust, ihre Ausdrucksfreude zu unterdrücken. So entstehen Schuldgefühle, Ängste und quälende Phantasien. Sie werden zum Nährboden von Lebensfurcht, psychosomatischen Erkrankungen, Depression, Aggression und Neurosen.

Ein Leben voller Sinne – ein sinnvolles Leben

«Geh' aus mein Herz und suche Freud,
in dieser schönen Sommerszeit,
an deines Gottes Gaben.
Schau an der schönen Gärten Zier
und siehe wie sie Dir und mir,
sich ausgeschmücket haben.»

(Paul Gerhard)

Die Fähigkeit zum sinnlichen Wahrnehmen, zum Fühlen und zur Freude können der Quell sein für Mitgefühl, Staunen, Ehrfurcht, Dankbarkeit und Zufriedenheit – Werte, die eine religiöse Dimension haben.

Trotzdem erfuhren so viele Menschen als Kinder eine sinnesfeindliche Erziehung, eine Verteufelung der Sexualität gerade auf dem Hintergrund einer christlich-religiösen Moral. Noch heute lassen sich in unseren Kirchen und Gottesdiensten nur selten Sinnesfreude, Ausdruckskraft und Bewegung finden. Vielleicht eine Ursache dafür, warum sich viele Menschen heute dem Religiösen zwar nicht verschließen, sich von den Kirchen jedoch enttäuscht abwenden. Ein Leben mit verkümmerten Sinnen wird arm, sucht nach Ersatzbefriedigungen, sucht verzweifelt nach dem Sinn, weil keiner erfahren wird.

Kinder können sich einer Sache voll und ganz hingeben. Sie können das, was sie gerade tun, mit allen Sinnen ganz und gar verfolgen. Sie fragen nicht nach dem Sinn ihres Tuns, sie erfahren den Sinn im Tun und durch das Tun.

Das kennen auch Erwachsene. Wenn sie sich einer Sache hingeben, sie nicht unter Zeit- und Leistungsdruck vollbringen, so ist nicht mehr das Ergebnis von Bedeutung, sondern die Erfahrung dabei, die Freude am Tun, das Erleben der Schaffenskraft zählt und macht zufrieden. Beiläufig entstehen dabei oft die besten Resultate. Andere, sich abgerungene Arbeiten, «Pflichtübungen», können noch so gute Resultate vorweisen, wirkliche Zufriedenheit erreicht man durch solche Ergebnisse meistens nicht.

Wir rauben uns selbst und unseren Kindern die Grundlage zum Glücklichsein, zum Sinn-erfüllten Leben, indem wir Lebensenergie zügeln wollen, indem wir Sinnesfreude und -lust behindern, indem wir nicht genügend Raum lassen zur individuellen Ausdrucksweise.

Genausosehr, wie sich kleine Kinder der Sinnesfreude, der Lust am Tun hingeben können, so durchleben sie auch viele unangenehme Situationen, Mißerfolge, Stürze, Verletzungen, Krankheiten und Schmerzen. Sie stellen nicht die anklagende Frage: Warum denn muß das gerade mir passieren? Kinder weinen und schreien im Schmerz, sie schlagen und toben in der Wut, sie durchleben und durchleiden. Es ist unglaublich, wie oft kleine Kinder hinfallen und sich weh tun, und wie schnell sie wieder aufstehen, wie sie noch mit Tränen in den Augen bereits wieder lachen können, wie sie nach einem heftigen Zank gleich wieder Freund sein können und verzeihen.

Genau das wird sich auch im späteren Leben des Menschen ereignen. Es wird nie bloß Freude geben, Spaß und Befriedigung. Die andere Seite ist immer genauso da: Trauer, Schmerz und Sorge. Und das läßt sich nur bewältigen im Durchleben. In solchen Krisenzeiten und Durststrecken kann als tiefer Sinn erfahren werden: das Standhalten und Durchhalten, das Überwinden oder das Loslassen von Dingen, die sich nicht festhalten lassen.

Wieder Werte, die eine religiöse Dimension haben können.

Sinnvoll = erfüllt.
Ohne Sinne = sinnlos und leer.

Der Mensch kommt nicht kraft seiner selbst ins Leben, und er wird dieses Leben eines von ihm unbestimmbaren Tages wieder verlassen müssen. Er ist nur «Gast auf Erden», wie seine Kinder auch. Er ist nicht seiner Kinder Ursprung, und doch kommen sie durch ihn, durch Vater und Mutter zur Welt.

Vater und Mutter sein heißt Geburtshelfer und Gastgeber sein für ein neues Leben, das sich selbst seinen Weg suchen wird im Leben, durch das Leben und über das Leben hinaus. Wer diese Komplexität erfaßt, und sei es nur immer wieder für Momente im Leben, erahnt einen Zusammenhang zwischen sinn(es)vollem und erfülltem Leben.

Der Keim dafür liegt in der kindlichen Sinnesfreude und -lust. Daraus kann im Laufe des Lebens Sensibilität und Stärke erwachsen. Hieraus entstehen Ehrfurcht vor dem Leben, Verständnis, Mitgefühl und Verantwortung für Mensch, Tier und Natur. Darin liegt der Quell für die Freude am Tun, an der täglichen Arbeit und für Zufriedenheit. Daraus kann Gelassenheit erwachsen, um loszulassen und zu überwinden, wenn die Zeit dafür gekommen ist.

> «Ich hab' erhoben zu Dir hoch droben
> all meine Sinnen, laß mein Beginnen
> ohn' allen Anstoß und kräftig ergehn.»
>
> *(Aus dem Lied von Paul Gerhard*
> *«Die güldne Sonne voll Freud und Wonne»)*

Es ist die Angst vor der Unabhängigkeit und Freiheit zufriedener Menschen, die diejenigen, die über andere herrschen wollen, ein sinnesfeindliches Leben predigen läßt. Es ist die Angst vor den Abgründen der Sinneslust, die Menschen eine sinnesfeindliche Religion entwerfen läßt.

Dabei entsteht gerade dadurch erst Gier, Sucht, Abhängigkeit und Sexismus: dort, wo sich nie oder nicht genug das eigene Selbst entfalten durfte, wo eine lebenslange Bedürftigkeit zurückbleibt mit der Suche nach einer Ersatzbefriedigung. Zur Ersatzbefriedigung werden nicht nur Alkohol und Drogen, sondern auch Machtstreben, Gier nach Reichtum, Aggression und Ausbeutung gegenüber Mensch und Natur, Ideologien oder religiöse Dogmen, die Menschen unterdrücken, anstatt sie zu befreien.

Sinn(es)volle Religion – eine frohe Botschaft

Eine sinnesfeindliche Religion brauchen Kinder nicht. Sie zerstört ihre Offenheit und Unbefangenheit, sie schadet ihren Seelen.

Für uns Erwachsene und Eltern kann es zum Dienst am Leben, zum Gottes-Dienst werden, Kindern diese Freiheit zu gewähren.

Wir können solche Sinnesfreude achten und schätzen, ihr Zeit und Raum gewähren. Wir sollten dafür sorgen, daß die kindliche Neugier, Ausdruckskraft und Sinnlichkeit nicht unter dem ständigen Druck terminlicher Verplanung verkümmert, daß im Kinderalltag noch genügend Zeit bleibt zur Spontaneität, zum Genießen, zum Verweilen, zur Kreativität, zur Hingabe an eine Sache. Wir sollten den Raum dazu schaffen, daß sich kindliche Empfindungen ausdrücken können in Bewegungsfreude, im Spiel, im Malen, im Gestalten, im Singen und im Musikmachen. Und zwar so, wie es dem jeweiligen Kind ureigen ist, nicht so, wie wir es erwarten oder haben wollen.

Wir können erlauben, daß sich auch unangenehme kindliche Gefühle ausdrücken dürfen, Zorn, Trotz, Wut, Schmerz und Angst, weil sie ja gerade darin oft schon überwunden werden.

Wir können dafür sorgen, daß Kinder nicht zugeschüttet werden von einer Fülle an Sinn-losen Spielmaterialien und Medienangeboten, die sie zur Passivität verurteilen.

Wir können mit den Kindern zärtlich sein, schmusen, balgen, toben…

Wir dürfen uns selbst wieder von der Sinnesfreude der Kinder anstecken lassen. Spaß und Freude erleben, ausgelassen sein, nicht immer so vernünftig und terminlich durchorganisiert sein, das Schöne in uns und um uns herum wieder genießen.

Um das zu entdecken, braucht der Mensch nicht nur ein kritisches Bewußtsein, sondern all seine Sinne und die entsprechende Neugier, Lust und Freude daran.

Dieses Samenkorn gedeihen zu lassen, es zu beschützen, dafür können Eltern sorgen.

Eine religiöse Erziehung, religiöse Riten, Feste und Traditionen, die solch eine Lebensbejahung und -freude miteinschließen, sind fruchtbarer Boden für das Samenkorn. Sie könnten schon im Kindesalter Werte und Haltungen erschließen und festigen helfen, wie die Fähigkeit zum Staunen, wie den Zugang zu Meditation und Andacht, wie die Ehrfurcht vor dem Leben, wie die Dankbarkeit und Freude.

Mit solch einer Lebenshaltung in bezug auf Religion tun sich unsere Kirchen und Kirchenträger, Pädagogen und auch wir selbst noch schwer. Lassen wir uns doch einfach von den Kindern dazu anregen, «wie Kinder fromm und fröhlich (zu) sein».

Familienfeiern, Kindergärten, Schulen, Familiengottesdienste könnten hierfür einen geeigneten Rahmen bieten. Wir müßten nur bereit sein zum Mitgestalten, zum Erfahren, Erleben, Tanzen, Singen, Spielen, zum Feiern.

(Anne Kettner-Grosbüsch)

Der Mond ist aufgegangen

Der Mond ist aufgegangen,
die gold'nen Sternlein prangen
am Himmel hell und klar,
der Wald steht schwarz und schweiget,
und aus den Wiesen steiget
der weiße Nebel wunderbar.

Wie ist die Welt so stille,
und in der Dämm'rung Hülle
so traulich und so hold!
Als eine stille Kammer,
wo ihr des Tages Jammer
verschlafen und vergessen sollt.

Seht ihr den Mond dort stehen? –
Er ist nur halb zu sehen,
und ist doch rund und schön!
So sind wohl manche Sachen,
die wir getrost belachen
weil uns're Augen sie nicht sehn.

Wir stolzen Menschenkinder
sind eitel arme Sünder,
und wissen gar nicht viel;
wir spinnen Luftgespinste
und suchen viele Künste
und kommen weiter von dem Ziel.

Gott, laß' uns dein Heil schaun,
auf nichts Vergänglich's trauen,
nicht Eitelkeit uns freu'n!
Laß uns einfältig werden
und vor dir auf Erden
wie Kinder fromm und fröhlich sein!

Wollst endlich sonder grämen
aus dieser Welt uns nehmen
durch einen sanften Tod!
Und, wenn du uns genommen,
laß uns in' Himmel kommen,
du unser Herr und unser Gott!

So legt euch denn, ihr Brüder,
in Gottes Namen nieder,
kalt ist der Abendhauch.
Verschon' uns, Gott, mit Strafen,
und laß' uns ruhig schlafen!
Und unser'n kranken Nachbarn auch!

(Matthias Claudius)

13. Wenn Religion zur Zwangsjacke wird

Vom Recht der Religionskritik

Die religiöse Entwicklung von Kindern kann in Sackgassen und auf Abwege führen:

- psychische Deformationen, die sich in zwanghaftem, leib- und lustfeindlichem Verhalten äußern;
- intellektuelle Verengungen, die sich auf Denkverbote mancher religiöser Traditionen berufen;
- ein Leben unter dem Druck von Schuldgefühlen, die Menschen unfähig zum Glück machen, sie am aufrechten Gang hindern und zu fügsamen Untertanen kneten;
- in jüngster Zeit besonders im Vordergrund: ein Fundamentalismus, der sich im Namen einer absoluten religiösen Wahrheit intolerant und militant über die Spielregeln friedlichen Zusammenlebens hinwegsetzt.

Auf den ersten Blick erscheint es so: Je eindeutiger sich Menschen auf ihre religiöse Überzeugung berufen, um so weiter entfernt sind sie vom Erziehungsziel emanzipatorischer Erziehung. Viele aufgeklärte Eltern haben daraus die – aus unserer Sicht allerdings nicht realisierbare – Konsequenz gezogen, in der Erziehung ihrer Kinder religiöse Fragen auszuklammern. Religion kann in der Erziehung tabuiert, sie kann aber sowenig unterdrückt werden, wie früher die Tabuisierung der Sexualität Kinder

zu asexuellen Wesen gemacht hat. An den im Leben mit den Kindern leer gelassenen Ort der Religion rückt schnell eine Ersatzreligion, hierzulande und heutzutage am ehesten die allgegenwärtige Ersatzreligion des Konsumismus, also die Verabsolutierung von erfolgsorientierter Leistung und Sich-leisten-können. Der von der Werbung permanent als Weg zur Freiheit angepriesene Konsumismus verdient wohl nicht weniger eine ideologiekritische Betrachtung als eine unterwerfende religiöse Erziehung.

Auf Fehlwege und Abwege religiöser Erziehung sind aus unserer Sicht nicht Vermeidung und Tabu die angemessene Antwort, sondern der offene Umgang. Das Wissen um mögliche Fehlentwicklungen wird helfen, kritisch und selbstkritisch zu bleiben und sich vor zu einfachen Lösungen zu hüten. Von den Fehlwegen und Abwegen zu wissen verhindert manchmal eine spontane Religiosität und naive Begeisterung, die Kindern durchaus angenehm sind. Aber offenbar können sich Eltern den Weg nicht ersparen, aus einer ersten Naivität aufzubrechen, um durch die kritische Prüfung hindurch mit ihren Kindern eine zweite Naivität zu finden und zu leben. Sie mag äußerlich der unreflektierten Naivität sehr ähnlich sehen: Alte Liedtexte, Rituale tauchen wieder auf, der während des Studiums mit guten Argumenten abgelehnte und ironisierte Weihnachtsbaum samt den Krippenfiguren aus dem Familienerbe halten Einzug in der Wohnung, in der mit den Kindern gefeiert wird. Schade, wenn das nur eine herablassende Konzession an vermeintliche kindliche Bedürfnisse ist und nicht mit veränderter Einstellung vollzogen werden kann, die sich vor berechtigter Kritik nicht zu schämen braucht. Diese veränderte Einstellung wird sich frei machen vom vielleicht noch selbst erlebten Zwang zu unechter Feiertagsharmonie in der Familie, frei vom Zwang, historisch Unglaubwürdiges als historisch beweisbar ausgeben zu müssen. Es wird z.B. die Freiheit sein, einen nur krampfhaft festzuhaltenden «Glauben» an die Jungfrauengeburt als biologische Tatsache aufzugeben. Zugleich aber die Freiheit, sich dem Symbol zu öffnen, daß Menschen in diesem, im Elend geborenen, ohnmächtigen Kind das Heil sehen. Es wird die Freiheit sein, offenzuhalten, welches astronomische Ereignis möglicherweise Sternenkundige aus dem Orient nach Israel führte, und zu-

gleich die Freiheit, mit den Kindern in allem Dunkel Lichter der Hoffnung und Erwartung zu entdecken und ihnen ein Stück Wegs zu folgen.
Dieses Buch gibt zu verschiedenen Situationen und Stationen im Leben mit Kindern Hinweise für eine Offenheit gegenüber religiösen Aspekten, die kritischer Betrachtung standhalten und doch nicht in der Kindern (und Erwachsenen) nicht gedeihlichen Sterilität der kritischen Dauerreflexion steckenbleiben.
Hier sei beispielhaft von zwei Abwegen als Ergebnis verfehlter religiöser Erziehung die Rede: dem Fundamentalismus und der Selbstverneinung. Im ersten Fall handelt es sich um eine Fehlentwicklung, die sich eher kollektiv und öffentlich äußert, im zweiten Fall um ein eher nach innen gewandtes, persönliches Leiden, das von anderen vielleicht gar nicht als Problem wahrgenommen wird.

Vom «Gott», der allzu groß macht: Fundamentalismus

Fundamentalismus fällt uns bei anderen deutlicher auf: Da ist das muslimische Mädchen, das schon vor der Pubertät ihr Haar mit einem Kopftuch verdecken muß, dem beigebracht wurde, nicht nur nicht ins Schwimmbad zu gehen, sondern auch alle Mädchen für sittenlos zu halten, die es tun. Da ist Daniel, dessen Eltern zur Religionsgemeinschaft der Zeugen Jehovas gehören, der im Kindergarten nicht mitmachen darf, wenn ein Geburtstag gefeiert wird, nicht dabei ist, wenn die Kirche nebenan besucht wird, der sich nicht beteiligen darf, wenn ein Osternest gebaut oder ein Weihnachtslied gesungen wird, der von alledem aber weiß, wie schlecht es ist.

Da ist im Kindergarten auch Linda, streng makrobiotisch ernährt und mit vielen Argumenten gegen Fleisch und Süßigkeiten, Eier und Wurst versehen, die sie auch treffsicher als Waffen einsetzt.

Fundamentalismus ist eher über die Einstellung und Verhaltensweisen angemessen zu definieren als über Inhalte. Fundamentalismus kann vielerlei Inhalte haben, religiöse, politische, moralische – vielleicht eignen sich religiöse besonders gut, weil Religion mit dem Anspruch auftritt, besonders Bedeutsames, Entscheidendes zu vertreten.

Fundamentalismus ist immer zugleich modern und traditionell. Er gibt traditionelle Antworten auf eine aktuelle Situation. Gegenwärtig hat er Konjunktur, weil es so viel Unsicherheit, Unübersichtlichkeit, Angst, Bedrückung gibt. Auf solche Bedrohungen antwortet der Fundamentalismus mit den scheinbar klaren Lösungen einer Tradition:

- Die Gegenwart ist verwirrend durch eine Vielzahl von Lebensentwürfen. Was z.B. eine Familie ist, steht keineswegs mehr fest. Jede Familie steht vor einer Vielzahl von Entscheidungsmöglichkeiten. Dieser Pluralismus verwirrt, die in ihm liegende Freiheit macht Angst. Da wirkt es erleichternd, in ein hohes Lied von den ewigen Werten der Familie einzustimmen, auch wenn die damit gemeinte Familienform allenfalls ein Produkt des Bürgertums des 19. Jahrhunderts ist und keineswegs ewig.
- Ökologische und militärische Risiken machen Angst, jedem denkenden, die Probleme nicht verdrängenden Menschen müssen sie Angst machen. Ein «ökologischer» Rigorismus reduziert das Problem auf das individuelle Verhalten, z. B. die persönlichen Eßgewohnheiten. Der düstere globale Horizont wird ausgeblendet und der Blick verengt auf die Frage des Essens. Das macht diese Frage ungeheuer wichtig und dramatisch, entlastet zugleich aber von den bedrohlichen politischen und wirtschaftlichen Aspekten, entlastet vom Gefühl eigener Kleinheit und macht zum Dreh- und Angelpunkt, was durch eigenes Verhalten zu beeinflussen ist.
- Menschen in vielen Ländern erleben, daß die Hoffnungen auf eine Annäherung der Lebensbedingungen, wie sie beispielsweise durch die Entwicklungsdekade der UNO genährt wurden, täuschen. Die wirtschaftliche Ungleichheit wächst, die Industrieländer haben bewiesen, daß sie ihre Vormacht mit militärischen Mitteln sichern wollen und können. Das Gefühl der Unterlegenheit und der kollektiven Ohnmacht ist schwer aushaltbar. Ein allein seligmachender Glaube, der es wert ist, für ihn in einen «Heiligen

Krieg» zu ziehen, hebt die Demütigung auf, viel eher als eine entwickeltere Form dieser Religion, die die Aspekte der Friedensbereitschaft betont.

Religionen können fundamentalistisch mißbraucht werden. Dies gilt sicher besonders für Religionen wie Christentum und Islam, die sich auf eine schriftlich überlieferte, historisch weit zurückliegende Offenbarung berufen.

Es gibt die Position, daß jeder Bezug auf die christliche Religion letztlich zu fundamentalistischen Einstellungen führt, eine entschiedene Absage an den Fundamentalismus also eine Absage an jede Form christlicher Erziehung fordert. Der Freiburger Psychologe Professor Franz Buggle hat diese These unlängst in seinem Buch «Denn sie wissen nicht, was sie glauben, oder warum man redlicherweise nicht mehr Christ sein kann» (Reinbek: Rowohlt Verlag 1992) wieder vertreten. Sicher gibt es in den biblischen Texten autoritäre, unkritischen Gehorsam fordende, ja grausame Züge auch in den Aussagen über Gott. Aber der Tradition gegenüber gibt es nicht nur blinden Gehorsam oder völlige Ablehnung, es gibt einen Umgang mit ihr, der den geschichtlichen Abstand sieht und kritisch interpretierend überbrückt. Buggles Kritik am Gebrauch biblischer Texte in der Erziehung ähnelt in manchem der in den 70er Jahren üblichen Kritik am Erzählen von Märchen. Es gibt inzwischen im Umgang mit Märchen eine zweite pädagogische Naivität, die akzeptiert, daß Kinder auch Bilder und Geschichten brauchen, in denen Böses und Angst vor Bedrohungen und Trennungen ihren Ort haben. Das Buch des Kindertherapeuten Bruno Bettelheim «Kinder brauchen Märchen» hat das Recht, ja die heilsame Notwendigkeit an vielen Beispielen dargestellt und zugleich Grenzen und Bedingungen aufgezeigt.

Vergleichbares gilt für den Umgang mit religiösen Texten. Es entspricht nicht dem Realitätsbezug der Religion, sie durchweg von allen Erfahrungen von Leid und Bedrohung, Beängstigendem und Bösem reinigen zu wollen. All das erfahren Kinder, und um diesen Erfahrungen standhalten zu können, müssen sie aufgenommen sein in dem, was wir ihnen an Weltdeutung anbieten. Aber deutlich muß sein daß diese Inhalte und die Art, wie sie vermittelt werden, Partei ergreifen für die Kinder, für ihre Hoffnung, ihren Wunsch auf den Sieg des Guten, des Lebens, der Liebe.

Es gibt einen fundamentalistischen Umgang mit der christlichen Überlieferung wie mit der islamischen. Er ist in beiden Fällen nicht durch die Überlieferung zwangsweise vorgegeben. Dafür gibt es genug Beispiele toleranter, versöhnungsbereiter Vertreterinnen und Vertreter auf beiden Seiten. Die christliche Überlieferung weiß davon, daß wir offene Augen brauchen, um sie nicht in blindem Gehorsam zu mißbrauchen, daß wir den Geist der Versöhnung in uns brauchen, um die Botschaft der Versöhnung richtig verstehen zu können...

Das aber heißt für die religiöse Erziehung, daß sie sich nicht beschränken kann auf die Vermittlung von Geschichten, Gebeten, Liedern, so wertvoll diese sein mögen. Genauso wichtig ist es, den Kindern einen offenen, kritischen Umgang mit den Geschichten zu vermitteln, damit sie erfahren, daß diese Hilfen zum Lieben und Leben, Hoffen und Glauben sein können und kritisierbar ist, was unterwirft oder sich über andere erhöht, verdammt oder andere abwertet.

Unsere, der Erwachsenen Art mit solchen Überlieferungen umzugehen, gibt den Kindern die Brille, mit der sie die Überlieferung sehen. Und die Brille macht den Unterschied aus, ob die Überlieferung ein Steinbruch für Wurfgeschosse in fundamentalistisch geführten Auseinandersetzungen wird oder eine Quelle für Lebensmut, Liebe, Frieden.

Vom «Gott», der allzu klein macht: religiöse Neurosen

Fundamentalismus macht Verängstigte «tapfer», Ohnmächtige «groß», Verunsicherte «sicher».

Religion kann auch die Wirkung haben, Menschen in Selbstzweifel, Selbstbeschuldigungen, Selbstverachtung zu führen. Bis es in den letzten Jahrzehnten zur Lockerung der Kirchenbindung kam, galt es als die vorherrschende Gefahr religiöser Erziehung, daß Menschen durch sie geknechtet und geknickt wurden. Viele Autobiographien berichten von mit subtilen religiösen Mitteln gequälten Kindern und Jugendlichen, etwa Hermann Hesses Schilderung seiner Jahre in einem kirchlichen Internat «Unterm Rad», die Schilderung einer Mädchenkindheit in einem katholisch geprägten Dorf ... (Maria Wimmer: Die Kindheit auf dem Lande, Reinbek: Rowohlt Taschenbuch 1978) oder der Rückblick des Psychoanalytikers Tilman Moser auf seine Kindheit, während der seine Eltern bedrückende Erfahrungen mit einer starren Kirchlichkeit zu bewältigen versuchten, was er als «Gottesvergiftung» erlitten hat.

Kinder erfahren Gott dann als eine Glauben und Moral verlangende Instanz, ein Versprechen von Liebe zwar, doch muß diese Liebe verdient werden auf dem Weg der Überanstrengung durch Glauben von Unglaublichem, durch die Verwirklichung einer uneinlösbaren Moral und, im Gefolge davon, immer neuer Selbstdemütigung. Das Gebot absoluter Wahrhaftigkeit und die lustfeindlichen Sexualnormen, die bis in die Phantasien und Träume hinein wirken sollen, führen in Dauerkonflikte, die mit eigenen Kräften nicht zu lösen sind. Der Glaubende kann die ersehnte Liebe Gottes nur dann erfahren, wenn er sich haßt, groß nur werden, wenn er sich klein macht, Anteil an der Güte nur finden, wenn er sich verurteilt ... Und dies erfolgt nicht gegenüber äußeren Instanzen, sondern wird durch Verinnerlichung der Vorstellungen zu einer Sache des eigenen «Gewissens», wirkt immer und überall, ohne Ausweg.

In einer Zeit, die immer mehr Freiheiten gewährte, immer mehr Verheißung von Glück und Freude anbot, wurden die psychisch und dann oft auch psychosomatisch krankmachenden Aspekte einer solchen Erziehung besonders deutlich. Menschen, die diesen Konflikt erlebten, haben oft ihre Befreiung von inneren Zwängen zugleich als eine Befreiung von religiösen Loyalitäten vollzogen und erlebt. Daß Religion auch die Kraft zur Befreiung sein kann, daß Religion nicht Angst machen muß, sondern gerade die Kraft zur Überwindung von Angst anbieten will, das war nicht erfahren worden und wurde zunächst auch nicht gesucht. Erst als die gegenwärtige Situation nicht mehr einfach von Freiheit und Wohlstand geprägt erlebt wurde, als die militärischen und ökologischen Bedrohungen und wirtschaftlichen Krisen das Lebensgefühl prägten, kam neu die Frage nach Quellen der Hoffnung auf.

Für viele war die Entdeckung überraschend, daß Religion nicht in allen Formen und auf alle Zeit im Lager der Restauration stehen muß und einem unumkehrbaren Prozeß der Erosion ausgesetzt ist, sondern vielerorts als Quelle lebensfördernder und lebensbejahender Kraft erlebt werden kann, sei es in der Friedensbewegung, sei es in der Bürgerrechtsbewegung der DDR, sei es in der feministischen Theologie oder – auf andere Weisen – in einer unerwarteten Renaissance des Islam und auch des Christentums in Ländern der «Dritten» Welt.

Der Vers im Abendlied «Morgen früh, wenn Gott will, wirst du wieder geweckt» kann einem Kind Geborgenheit vermitteln: Nicht nur die Eltern behüten es gegen alle Gefahren von außen und beängstigenden Gedanken, sondern Gott selbst ist bei ihm. Derselbe Vers kann Kindern Angst machen: Du wachst nur dann auf, wenn Gott will, und ob er das will, das ist höchst fraglich, denn das tut er vielleicht nur, wenn du fromm genug warst … So erlebte ein Freund von uns diesen Vers; er reagierte völlig konsterniert, als er hörte, daß wir diesen Vers unseren Kindern manchmal vorsingen. Wir waren nie auf diese Interpretationsmöglichkeit gekommen.

«Dem Reinen ist alles rein» – d. h. in gewisser Weise auch, dem Zwanghaften ist jeder Text recht, um ihn zwanghaft zu benutzen und die Inhalte zu betonen, die seiner Voreinstellung entsprechen. Und ebenso wird der Selbstbewußte selbstbewußt umgehen mit Texten, betonen, was sein Selbstbewußtsein stützt, manches im Bewußtsein des historischen Abstandes «übersetzen» und anderes verwerfen. Und manchmal wird er entdecken, daß ein von ihm verworfener Text, aus einer anderen Lebenssituation heraus noch einmal betrachtet, plötzlich Wichtiges sagt.

(Egbert Haug-Zapp)

Er stellte ein Kind in ihre Mitte

Die Jünger traten zu Jesus und fragten: «Wer gilt am meisten in Gottes Augen?»

Da rief Jesus ein Kind zu sich. Und er stellte es in die Mitte seiner Gemeinde und sprach:

«Ich sage euch, und das ist wahr: Wenn ihr nicht umkehrt und werdet wie Kinder, so werdet ihr nicht in Gottes Reich kommen.»

(Matthäus 18,1–3)

Laßt die Kinder zu mir kommen

Als Jesus im Gespräch mit Männern war, da brachten Mütter Kinder zu ihm, damit er sie segne.

Jesu Jünger drängten die Frauen zurück, schließlich hatte Jesus Wichtigeres zu tun, als sich mit Kindereien zu beschäftigen.

Jesus sah das, und er wurde zornig und sagte zu seinen Jüngern, die es ja gut gemeint hatten: «Laßt die Kinder zu mir kommen und wehrt sie nicht ab, denn ihnen gehört das Reich Gottes.

Ich sage euch, und das ist wahr: Wer Gottes Reich nicht empfängt wie ein Kind, der wird nicht hineinkommen.»

Und Jesus umarmte die Kinder und legte die Hände auf sie und segnete sie.

(Markus 10, 13–16)

14. Gewissen ist mehr als Wissen

Ehrenrettung der Moral

Muß die Ehre der Moral gerettet werden? Gibt es nicht schon mehr als genug «Moral-Retter», die sich in jüngster Zeit lautstark zu Wort melden? Überall wird der Verlust von Werten und Normen beklagt. Pausenlos wird an Eltern, Erzieherinnen und Lehrer appelliert, Kindern und Jugendlichen endlich wieder Moral beizubringen. Allerdings ist dabei noch nicht gesagt, welche Moral gemeint ist. Geht es darum, Pflichtbewußtsein, Fleiß, Leistung und Ordnungsliebe zu fördern – und damit doch wohl eher den Wirtschaftsstandort Deutschland als die Moral retten zu wollen? Geht es darum, Autoritäten und Institutionen Achtung zu verschaffen und dadurch die eigene Geltung und die der jeweils vertretenen Tradition zu sichern? Dann wäre es wohl das gute Recht von Eltern, solche Forderungen zurückzuweisen und ihre Kinder nicht dem Druck fremder Interessen auszusetzen. Lange genug hat die Familie dazu herhalten müssen, die schwierigen Prozesse der Anpassung von Kindern an die gegebenen Strukturen in Gang zu setzen und durchzustehen. «Moral» hat darüber einen schlechten Ruf bekommen: Sie diente der Unterdrückung von Lust und Eigen-Sinn, sie verkrümmte die Gewissen unter der Last ständigen Schuldgefühls, sie produzierte verklemmte Pharisäer, bösartige Rechtschaffene, freche Heuchler.

Und doch: die Moral abzuschaffen ist keine Lösung. Gewissenlose Menschen können nicht zu einem guten Zusammenleben von Einzelnen und Gruppen helfen. Auch wer nicht den alten Wertvorstellungen nachtrauert, wer die Fragwürdigkeit gängiger Moralforderungen durchschaut, kann vor vielen Tendenzen in unserer Gesellschaft erschrecken:

Da werden Mitmenschen, Finanzen, Ressourcen wie ein einziger Selbstbedienungsladen ausgenutzt – den Preis dafür können andere bezahlen. Da igelt man sich ein im eigenen, privaten Glück und grenzt alles Fremde als Bedrohung aus. Da greift eine Ellenbogenmentalität um sich, die den Langsameren und Schwächeren keinen Platz an den besser gedeckten Tischen läßt. Da herrscht ein Klima der Gewalt mit Worten und zunehmend auch mit Taten, dem vom Kindergarten und der Familie an bis hin zu Arbeits- und Wahlkämpfen in der Realität und in der Medienwirklichkeit keiner entkommen kann.

Wo «Moral» nur noch als Vorwand dient, wo alles nur noch den eigenen Interessen gefügig gemacht wird, wo alle Ziele gleich gültig erscheinen, greift eine Gleichgültigkeit um sich, in der menschliches Leben nicht mehr gedeihen kann.

Wer mit Kindern zusammen lebt, kann sich solche Gleichgültigkeiten nicht leisten. Jeden Tag, manchmal jede Stunde, geht es in kleinen Entscheidungen um die Frage: Was soll für mich und das Kind gelten? Was nenne ich richtig, was nenne ich falsch? Wie paßt das, was ich sage, zu dem, was ich tue? Wofür soll das Leben gut sein, das wir diesem Kind gegeben haben?

Kinder leben auf Zukunft und Hoffnung hin. Immer haben deshalb Eltern schon beides beachten müssen: Was ist jetzt, für dieses Zwei-, Fünf-, Achtjährige richtig und möglich – und zugleich: Welche Weichen stellen wir damit für das weitere Leben? Frühere Elterngenerationen konnten dabei einigermaßen sicher sein, daß ihre Kinder ein ähnliches Leben führen würden wie sie selber. «Schuster, bleib bei deinem Leisten» – Geschäft oder Hof wurden vererbt, Akademikersöhne hatten zu studieren und Akademikertöchter in entsprechenden Kreisen zu heiraten, und wer auf der gesellschaftlichen Leiter ganz unten stand, hatte nur geringe Hoffnungen, daß es seine Kinder weiter bringen würden.

Insofern wußten Eltern und Erzieher ziemlich genau, durch welche moralischen Vorschriften Kindern zu einem angepaßten, aber damit auch stimmigen Leben verholfen werden konnte. Die Tradition gab vor, was für die jeweilige Gruppe gut und böse, anständig oder unpassend war. Und alles fand sich unter dem Dach einer europäisch-christlichen Werte-Hierarchie geborgen.

Dies ist heute in jeder Beziehung anders. Unsere offene Gesellschaft wird sich nicht wieder zurückdrängen lassen auf festgelegte Lebensläufe; die überlieferten Traditionen geraten immer stärker in den Strudel unterschiedlichster Wertvorstellungen. Das ist ein Gewinn an Freiheit – und an Unsicherheit. Nicht ewig gültige Regeln müssen gelernt werden, sondern der Mut zu immer neuen Veränderungen. Es muß nicht geübt werden, Grenzen zu respektieren, sondern sie zu überschreiten. Moral drückt sich nicht mehr darin aus, daß man tut, was alle tun, sondern darin, daß man die eigene Entscheidung findet und in der Auseinandersetzung mit anderen Werten verteidigt und durchhält.

Provinzielles Gewissen – weltoffenes Gewissen

Und nicht nur der Lebenslauf und die Wertentscheidung des einzelnen ist offen. Schwerer noch wiegt, daß wir Kinder auf eine Welt hin vorbereiten und begleiten müssen, die wir uns selbst nicht vorstellen können. Zum ersten Mal müssen Eltern versuchen, Kindern zu einem Gewissen zu helfen, das anders reagieren soll als ihr eigenes.

Denn unser Gewissen ist aus einer anderen Zeit und Welt. Wir sind – bestenfalls – darauf vorbereitet, mit unserer Familie und den Arbeitskollegen und -kolleginnen, mit Nachbarn und Freunden eine gute Beziehung zu gestalten und im überschaubaren Bereich des Gemeinwesens und im eigenen Volk für Gerechtigkeit einzutreten. Solch ein «provinzielles» Gewissen versagt vor den Problemen einer Weltwirtschaft, in der wir unlösbar mit den Menschen aller Kontinente verknüpft sind. Wir nehmen Informationen über Konflikte in aller Welt auf, aber sie dringen nicht durch zu unseren Gefühlen, sie veranlassen uns nicht zum Handeln, sie lassen uns ratlos. Wir wissen, daß wir auf Kosten von 80 Prozent der Weltbevölkerung unseren – im Vergleich zu anderen immer noch übergroßen – Reichtum genießen, aber unser schlechtes Gewissen läßt sich mit Spenden und dem Kauf von fair gehandeltem Kaffee schnell beruhigen. Die Welt ist zu groß für unser kleines Gewissen.

Wir sind geprägt von den Normen von gestern, die sich heute bewähren sollen. Die eigentliche Frage ist aber, ob es noch ein Morgen gibt. Intellekt und technisches Können haben den Menschen befähigt, nicht nur die eigene Art, sondern das Leben auf der Erde überhaupt zu vernichten. Mit dem phantastischen Gelingen immer gewagterer Experimente ist das Gefühl für die Verantwortung, die damit übernommen wird, nicht gewachsen. Es scheint ein unabweisbarer Zwang zu sein, was machbar ist, auch zu machen. Für die Fülle dieser Macht haben wir keine überlieferte Moral, die uns vor uns selber schützt. Die Möglichkeiten der Zukunft sind zu gefährlich für unser am Gestern orientiertes Gewissen.

Nun können wir unser Gewissen nicht beliebig verändern. Wir haben es in einem langen Entwicklungsprozeß, angefangen in früher Kindheit, erworben. Neue Einsichten verändern es noch nicht, denn es geht um die Gesamtheit unseres Fühlens, Denkens und Wollens. Die Suche nach einer neuen Moral ist nicht nur ein intellektuelles Problem. Alle Gruppen, die versuchen, in der einen Welt auf Zukunft hin verantwortlich zu handeln, tun das mit hohem emotionalen Einsatz. Darin sind sie dem ganz nah, was viele Eltern durch ihre Kinder erleben: Liebe zum Leben und Angst um das Leben ist ihre Antriebskraft, nicht die einmal gelernten Normen und Werte.

Eltern empfinden für ihr Kind das Gefühl unbedingter Verantwortung. Was sie für das Kind tun, geschieht zu einem guten Teil aus Sorge und Angst: Sie wissen, wie gefährdet die Zukunft jedes Kindes ist. Aber gleichzeitig ist da auch die starke Hoffnung, daß diesem Kind möglich sein wird, in ein sinnvolles, glückliches und verantwortungsbewußtes Leben hineinzuwachsen. Verantwortung aus Liebe, Angst und Hoffnung ist keine von außen an uns herangetragene, fremde Forderung. Diese Gedanken, Gefühle und Haltungen kennen wir, sie sind in unserer eigenen Lebensgeschichte verwurzelt. Es muß gelingen, dieses Verantwortungsbewußtsein auszuweiten, es nicht nur auf die eigenen Kinder und ihre Zukunft zu beziehen. Gerade um dieser eigenen Kinder willen müssen wir lernen, das Ganze zu sehen. Dann kann es gelingen, die Grenzen unserer moralischen Erziehung und die Enge unseres provinziellen Gewissens immer wieder einmal zu überschreiten.

Diese «neue» Moral begründet sich von der Zukunft her. Sie findet aber auch Rückhalt in der Vergangenheit. Die jüdisch-christliche Tradition spricht von Gott als dem Schöpfer, dem «Liebhaber des Lebens». Fast alle Religionen haben solch ein Symbol für das Ganze, für den Zusammenhang des Lebendigen. Der Mensch ist dann nicht der Macher seiner Welt, sondern beauftragt, sie zu «bebauen und zu bewahren». Damit wird er entlastet von dem wahnsinnigen Anspruch, für alles nur sich selbst verantwortlich zu sein. Der Glaube an den Schöpfer gibt Raum für Gefühle wie Dankbarkeit, Staunen, Ehrfurcht. Es wird ein realistisches Denken über die Größe und Macht, aber auch die Angewiesenheit und Hilflosigkeit des Menschen möglich. Unsere Verantwortung für die Zukunft des Lebens wird dann verstanden als Verantwortung vor dem Schöpfer des Lebens. Wenn wir uns und alle Kreaturen nicht uns selbst, sondern Gott verdanken, dann sind unserer Manipulationslust und unserer Gier Grenzen gesetzt. Dann darf es keine «schöne neue Welt» geben, in der Menschen für ihre zukünftige Funktion hergestellt werden. Das heißt allerdings auch: Abschied nehmen von dem Traum einer leidfreien Welt ohne Krankheit, Behinderung, Hunger, Alter und Tod. Eine neue Moral, ein der Zukunft verpflichtetes Gewissen schaffen nicht den Himmel auf Erden. Kleine Schritte werden es sein, mit denen wir uns bescheiden müssen:

– Schritte zu mehr Gerechtigkeit für alle und weniger Privilegien für uns,
– zu mehr Konfliktfähigkeit und weniger Haß und Gewalt,
– zu mehr Einfühlung und weniger Abgrenzung,

- zu mehr Verzicht und Freude an dem, was lebendig ist, und weniger freudlosem Konsum.

Das sind Ziele, auf die hin wir mit Kindern leben können. Diese Moral wird Kindern nicht vorgebetet oder vorgepredigt, sie wird mit ihnen zusammen ausprobiert. Dann erleben Kinder «moralische» Erwachsene:

- Sie versuchen, die eigenen Ansprüche zu verwirklichen, und verleugnen nicht, wenn sie daran scheitern.
- Sie verteidigen das Leben nicht rechthaberisch und verkniffen, sondern können sich daran freuen und es genießen.
- Sie sagen und zeigen deutlich, wo sie Verhaltensweisen nicht ertragen können, aber sie sind bereit, nach Verständigung zu suchen.
- Sie wechseln ihre Zielvorstellungen nicht mit jeder Mode, aber sie versuchen, neue Informationen und Erfahrungen so zu verarbeiten, daß ihr Leben dadurch verändert wird.
- Sie bleiben widerborstig gegen alle Angebote, durch glatte Anpassung bequemer durchzukommen, aber sie hören nicht auf, nach Menschen zu suchen, mit denen zusammen sie Zuversicht behalten.

Entwicklungsstufen der Moral

Wenn Erwachsene Kindern auf diese Weise zeigen, was für sie wichtig ist, dann ist der erste und bedeutsamste Schritt der Moralerziehung getan. Aber alle folgenden Schritte sind noch zu gehen – und das braucht Zeit und Geduld. Wir beginnen ja alle als vollkommen «unmoralische» Wesen, die nur auf die Erfüllung der eigenen Bedürfnisse aus sind. Dem Säugling werden wütendes Geschrei und rücksichtslose Störung lächelnd verziehen. Ein bis zwei Jahre später bestehen die Eltern darauf, daß die Decke nicht vom Tisch gezogen, das Bücherregal nicht ausgeräumt werden darf. Aus der immer gewährenden, gebenden Mutter wird die Mama, die «böse» ist. Das Wort trifft gut beides: die ärgerliche Reaktion der Mutter und das neue Gefühl von Wut und Angst beim Kind. Die Eltern, die überall Grenzen setzen, verwandeln sich in Hexen und Riesen, die man am liebsten totschießen würde. Das ist ein bedrohliches Gefühl, denn gleichzeitig weiß ja jedes Kind, daß es abhängig ist von der Liebe der Eltern. So beginnt es, die Gebote und Verbote der Erwachsenen in sich selbst hineinzunehmen.

«Nein, nein» sagt das Zweijährige vor dem Bücherregal – und ahmt bis in Stimmlage und Gestik die Mutter oder den Vater nach. So beginnt das Gewissen in uns – als Wissen von dem, was die Großen wollen. Zunächst reagiert dieses Über-Ich schwankend, manchmal mit unbarmherziger Strenge, dann wieder kaum spürbar.

Erzieherinnen erschrecken oft, wenn Kindergartenkinder in der Puppenecke drakonische Strafen verteilen oder fordern, daß andere Kinder, die Regeln verletzt haben, unnachsichtig ausgeschlossen werden. Diese Radikalität zeigt, daß die Kinder damit beschäftigt sind, herauszufinden, was Gut und Böse ist. Sie können einerseits scheinbar ungerührt ein anderes Kind schubsen oder schlagen, andererseits empfinden sie ganz genau, wenn sie etwas getan haben, was die Eltern oder andere nahe Erwachsene mißbilligen. Sie schämen sich über das, was verkehrt war, auch wenn ihnen keiner Schuldgefühle einredet.

«Der Mensch ist das Tier, das errötet» (Mark Twain). Es ist eine wichtige Fähigkeit, seine eigenen Taten mit den Augen anderer zu sehen und zu beurteilen. Scham ist ein für das Zusammenleben der Menschen grundlegendes Gefühl. Aber es darf nicht ein diffuses Gefühl bleiben, und es darf nicht mißbraucht werden. Wenn Kinder nicht verstehen können, weshalb Erwachsene ein Verhalten ablehnen, wenn sie sich selbst als vorwiegend «böse» erleben, dann kann das dazu führen, daß sie für ihre übergroße Scham einen Sündenbock brauchen, daß sie sich andere suchen, die noch schlimmer sind und an denen sie sich rächen müssen. Deshalb ist auch der Hinweis darauf, daß der liebe Gott «böse» oder «traurig» sei, gefährlich. Man kann ihn ja nicht fragen, was ihm so mißfällt. Kurzfristig kann dieser unsichtbare Elternersatz vielleicht Wohlverhalten bewirken, zur Entwicklung eines angemessenen Gewissens trägt er nichts bei.

Die moralischen Maßstäbe der Kinder sind nicht nur Gefühlssache, sie hängen von ihrer intellektuellen Entwicklung ab. Nach Lawrence Kohlberg («Zur kognitiven Entwicklung des Kindes», Frankfurt/M. 1974) orientiert sich das Kind zunächst an Strafe und Belohnung: Gut ist das, wofür es belohnt wird. In einer zweiten Stufe geht es um Austauschbarkeit: Ich tue etwas für dich, weil, beziehungsweise damit du etwas für mich tust. Diese beiden Stufen sind eigentlich noch vor-moralisch, die konventionelle Moral ist noch nicht erreicht. Allerdings sind Kinder in diesem Alter sehr wohl in der Lage, einander zu helfen, zu trösten, füreinander einzustehen. Einfühlung in andere beginnt in ersten kleinen Äußerungen; sie zu stützen und zu entwickeln ist für das spätere moralische Handeln von großer Bedeutung. Kinder gehen in diesem Alter noch vorurteilsfrei aufeinander zu – darin können sie den Erwachsenen mit ihrer hohen moralischen Urteilskraft durchaus Vorbild sein.

Am Ende des Kindergartenalters und in der Grundschulzeit wird zunehmend wichtig, was die anderen tun. Die Moral der Familie ist verinnerlicht, das Kind möchte ihr entsprechen, möchte ein «gutes Kind» sein. Dabei kommt es jetzt zu Zusammenstößen mit der Moral anderer (siehe auch Kapitel 11). In der Gruppe der Gleichaltrigen bekommen deshalb die Regeln einen hohen Stellenwert. Beim Spiel kann das Aushandeln von Regeln mehr Zeit in Anspruch nehmen als das Spiel selbst. Dem Moralkodex der Gruppe nicht zu entsprechen, in der Sozialordnung der Klasse aufzufallen, ist schlimm. Kinder lernen – auch im Bereich der Moral – erst «mitzuschwimmen». Es wäre eine Überforderung, jetzt schon von ihnen zu verlangen, gegen den Strom zu schwimmen. Das heißt nicht, daß sich die Familie einfach dem anpassen sollte, was «man» tut. Kinder können sehr schnell erfassen, daß es in unterschiedlichen Gruppen unterschiedliche Verhaltensregeln gibt – und sie müssen deshalb nicht gleich eine doppelte Moral entwickeln. Die Konflikte, die aus diesen Unterschieden entstehen, können helfen, zu einem weiteren, tieferen Moralverständnis zu kommen.

Moralische Überforderung blockiert

Ein solches Moralverständnis ist aber nur möglich, wenn die vorhergehenden Stufen ernst genommen werden, wenn die Kinder sie ohne Überforderung leben dürfen. Hier kann – bei viel gutem Willen – auch in der religiösen Erziehung einiges schiefgehen. Immer wieder hört man die Meinung, religiöse Erziehung sei in den frühen Jahren eigentlich nichts anderes als Sozialerziehung: Die Kinder sollen lernen zu helfen, zu teilen, sich in andere einzufühlen. Dazu sollen dann auch biblische Geschichten helfen. Gern wird von Zachäus erzählt (Lukas 19, 1-10); diesem zu recht von allen gemiedenen Ausbeuter bietet Jesus seine Freundschaft an. Die Kinder werden aufgefordert, so wie Jesus zu handeln: Außenseiter mitspielen lassen, die liebhaben, die «böse» sind. In Ausnahmefällen mag das gelingen. In der Regel werden die Kinder, entsprechend ihren Moralvorstellungen, auf der Seite derer sein, die Zachäus seine Bosheit heimzahlen, ihm die kalte Schulter zeigen. Wenn die Erzieherin oder die Mutter darauf besteht, solch einen «Zachäus» einzubeziehen, darf er vielleicht mitmachen – aber nicht, weil die Kinder verstehen, daß er Liebe braucht, sondern weil sie die Liebe der Erwachsenen nicht verlieren wollen. Das heißt nun nicht, daß jüngeren Kindern die Zachäus-Geschichte nicht erzählt werden soll. Es geht um einen Perspektivenwechsel: Sie sollten nicht aufgefordert werden, die Rolle Jesu zu übernehmen, sie sollten sein dürfen, was sie oft genug sind: Zachäus auf seinem Baum, klein und allein in der Gruppe der anderen, nicht unschuldig, aber voller Sehnsucht nach Freundschaft und Nähe. Sie brauchen Erwachsene, die sie von ihrem «Baum» herunterholen. Und sie brauchen Geschichten, Lieder, Symbole, die die Hoffnung wachhalten, daß immer wieder eine oder einer kommen wird, die oder der sie nicht allein läßt.

Zu eigenständigen moralischen Entscheidungen kann nur kommen, wer in sich selbst Ruhe und Sicherheit gewonnen hat. «Von den Widerstandskämpfern des 3. Reiches wird erzählt, daß sie zärtliche und glückliche Mütter gehabt hätten» (Dorothee Sölle, Phantasie und Gehorsam, Stuttgart 1968, S. 46).

Wenn wir wollen, daß Kinder ein eigenständiges, verantwortungsbewußtes Gewissen entwickeln, dann müssen wir auch die Phasen mit ihnen durchstehen, in denen sie eine andere Moral ausprobieren. Protest gegen alles, was Erwachsene ihnen sagen oder vorleben, ist ein notwendiges, aber außerordentlich mühsames Duchgangsstadium. Kleidung, Lebensstil, Kultur, politische Meinung, religiöse Überzeugung – alles kommt auf den Prüfstand, und nichts scheint übernommen zu werden.

Da erleben friedensbewegte Eltern, daß ihr Sohn sie mit militarisierter Kleidung provoziert; da wird gegen die gepflegte Hausmusik «Heavy Metal» aufgeboten; da muß die Achtzehnjährige aus der Familie, die sich dem Konsumverzicht verpflichtet weiß, dringend ein schweres Motorrad haben. Gleichzeitig wird die halbherzige, heuchlerische Moral der Erwachsenen in Grund und Boden kritisiert. Jugendliche können mit unbedingter Radikalität aufdecken, wie fragwürdig das den Realitäten angepaßte Verhalten ist. Sie können von sich und anderen das schier Unmögliche verlangen: ein Leben, das in allen Äußerungen höchsten moralischen Ansprüchen gerecht wird.

In dieser Phase erleben die Jugendlichen aber auch, daß sie selber scheitern. Kinder wissen, daß sie manches falsch machen, daß sie ab und zu «böse» sind. Jugendliche können sich selber als ganz und gar untauglich empfinden, können an ihrem Versagen verzweifeln. Wer ihnen in solchen Situationen nur raten kann, ihre Ziele eben niedriger zu hängen, nimmt sie nicht ernst und verliert ihr Vertrauen – oder macht sie zu zynisch Gleichgültigen. Sie brauchen in solchen Krisen Begleiter, die von eigener Schuld reden können. Das ist schwer in einer Gesellschaft, die Probleme möglichst lange durch Zudecken und Vergessen lösen will und, wenn das nicht mehr möglich ist, einzelne Schuldige benennt und diese erbarmungslos fallen läßt. Danach geht es «weiter so». Ein erwachsenes, reifes Gewissen kann dieses Spiel nicht mitmachen. Es erträgt es für sich selber nicht und kann es für andere nicht hinnehmen. Es läßt sich nicht zum Schweigen bringen, wenn es ein Verhalten als Schuld erkannt hat.

Lähmende Schuldkultur – bewegende Reue

Nun ist das Wort «Schuld» ja ebenso in Mißkredit geraten wie das Wort «Moral». Viele verbinden es auch heute noch mit Erfahrungen, die sie in der Kirche machten: Man mußte ein schlechtes Gewissen haben, um ein guter Christ zu sein. Man mußte sich schuldig fühlen, um sich seiner Erlösung zu freuen. Da saßen Kinder ratlos vor einem Beichtspiegel und versuchten, eine glaubwürdige Anzahl von Sünden zu finden; da wurde das erste Abendmahl zu einem Kampf der falschen Gefühle, weil das geforderte Maß an Schuldbewußtsein nicht aufzubringen war. Mit solchen Ritualen haben die Kirchen zu einer «Schuldkultur» beigetragen, die einengte und lähmte.

«Das Dichten und Trachten des menschlichen Herzen ist böse von Jugend auf» (1. Mose 8,21) – dieser Satz hat Jahrhunderte lang die Erziehung bestimmt. Das Böse mußte ausgetrieben, der Eigenwille gebrochen, das Selbstgefühl zerstört werden. Nur der kleine, demütige Sünder konnte vor Gott und seinen Vertretern auf Erden bestehen. Dieser Gott war für alle Autoritäten äußerst praktisch, mit ihm konnte man die jeweils genehme Moral durchsetzen und die Gewissen auf fraglosen Gehorsam verpflichten.

Mit dem Gott der Bibel kann man das nicht machen. Bei ihm ist jeder Einzelne verantwortliches Gegenüber, zur Freiheit bestimmt. Der Mensch ist – männlich und weiblich – Ebenbild Gottes, dem die Welt anvertraut wird. Die Bibel erzählt viele Geschichten von Mut und Liebesfähigkeit, von Unbestechlichkeit und Fürsorge. Allerdings wird dabei nicht verschwiegen, daß kein Mensch ohne Schuld ist. Gerade bei wichtigen und angesehenen Personen, etwa dem König David oder dem Apostel Petrus, wird von egoistischer Bosheit und feigem Versagen berichtet. Sie werden nicht verklärt zu perfekten Glaubenshelden, sie werden aber auch nicht ent-schuldigt. Sie brauchen andere, die ihnen ihr Vergehen vorhalten – allein scheint es immer wieder zu gelingen, das Unrecht zu vergessen –, und können dann vor Gott und Menschen konkret benennen, was sie anderen angetan haben. Nicht dumpfe Schuldgefühle, sondern Reue treibt sie dazu: Sie wollen in

Zukunft anders handeln. Darin werden sie nicht alleingelassen. «Vergebung» nennt die Bibel das Dabeibleiben Gottes, sein unermüdliches Hoffen auf den Menschen, der umkehrt. Das ist kein «Wegzaubern» der Schuld – die Konsequenzen bleiben zu tragen – aber es ist die Erfahrung, daß ich mit meiner Schuld geliebt bin, mit meinen Fehlern vor Gott leben kann. Es muß nicht alles immer wieder in den Sackgassen des Versagens enden, es kann ein neuer Weg gefunden werden.

Der Glaube an diesen neuen Anfang steht hinter den kirchlichen Ritualen von Beichte und Vergebung. Mögen sie an vielen Punkten formelhaft wirken, zu wenig auf den einzelnen bezogen sein, mit falschem Zungenschlag nicht befreiend, sondern einschüchternd gewirkt haben – in ihnen ist etwas aufbewahrt, was uns zu einem menschlichen Umgang mit uns selbst und anderen helfen kann. Ich kann mir bewußt machen, was verkehrt war in mir, ich kann anschauen, was ich anderen angetan habe, ich kann wahrnehmen, wo ich meiner Verantwortung nicht gerecht wurde. Ich kann hören, daß ich trotzdem geliebt werde, daß ich nicht als hoffnungsloser Fall abgestempelt werde. Ich kann hoffen, daß ich mit anderen zusammen fähig werde, umzukehren und noch einmal anzufangen, für Leben und Zukunft der Welt zu handeln. Das ist eine Moral, die aller Ehre wert ist. Mit ihr können wir Kinder begleiten hin zu einem verantwortungsbewußten Leben.

(Heidi Mühle)

«Gesagt hast du zu Lutz, daß deine ersten Erinnerungen an ihn (den Bruder) alle mit Unrecht, Mord und Zank zu tun haben.

Da kann man nichts machen, sagte er, erinnerte dich nun aber an die große Szene, die unter der Überschrift: Wie Lutz verlorenging und wiedergefunden ward in die Familienchronik eingegangen ist. Jene entsetzliche Stunde, da Nelly, zuerst allein, dann mit der Mutter im wehenden weißen Ladenmantel, schließlich inmitten einer Schar von Nachbarskindern und -frauen, auf der Straße, auf dem Sonnenplatz, in den GEWOBA-Höfen, endlich bis in die Wepritzer Berge hinein den Bruder suchte, alle Stufen von Unruhe über Angst bis zu Hoffnungslosigkeit und Verzweiflung erfuhr und sich immer den einen Satz wiederholen mußte: Wenn er stirbt, bin ich schuld.

Nach einer geschlagenen Stunde erst kam jemand auf die Idee, im Kinderzimmer den Tisch vom Sofa wegzurücken, und da lag denn der Bruder in seinen roten Strickhosen, und alle konnten herbeiströmen und sich über den schlafenden Lutz kaputtlachen, der von all dem Lärm nicht wach wurde und der nichts davon hatte, daß die Nachbarn mit Schnaps und die Kinder mit Brause auf sein Wiedererscheinen anstießen. Nelly aber lachte nicht und trank nicht, ihr unverwandt unglückliches Gesicht fing die anderen zu stören an, sie schlich sich weg und heulte, als die Mutter erklärend gesagt hatte, das Mädel hänge nun mal so an dem Jungen, es sei nun mal so gewissenhaft. Daß der Bruder gesund und glücklich war, anstatt tot zu sein, schaffte aber die Tatsache nicht aus der Welt, daß eine Schwester über ihren Schularbeiten den Bruder vergessen konnte, daß sie ihm, kaum von den Büchern aufsehend, ein gleichgültiges ‹Geh schon raus!› hingeworfen hatte, er aber nicht, wie jeder annahm, eigenmächtig davongeschlichen war.

Doch das Geständnis, das aus der liebevollen, gewissenhaften Schwester ein kleines Ungeheuer gemacht hätte, würde nie über ihre Lippen kommen, soviel wußte sie schon. Und deshalb weinte sie. ‹Ich bin klein, mein Herz ist rein› wollte sie am Abend nicht mehr beten. Sie bestand auf ‹Müde bin ich, geh zur Ruh› – jenem Lied, das die Heinersdorf-Großmutter zu singen pflegte, wenn sie ihr langes weißes Nachthemd angezogen, ihren dünnen grauen Zopf heruntergelassen und ihre Zähne in ein Wasserglas gelegt hatte. In der zweiten Strophe gab es die Zeilen, auf die es Nelly nun ankam: ‹Hab ich Unrecht heut getan, sieh es lieber Gott nicht an.› – Denn mehr, wahrhaftig, durfte sie nicht hoffen…»

(Aus: Christa Wolf: Kindheitsmuster, München: Luchterhand Literaturverlag (© 1976, 1989, 1994))

Ehrfurcht vor dem Leben

Die elementare ... Tatsache ist: Ich bin Leben, das leben will, inmitten von Leben, das leben will. Das Geheimnisvolle meines Willens zum Leben ist, daß ich mich genötigt fühle, mich gegen allen Willen zum Leben, der neben meinem Dasein ist, teilnahmsvoll zu verhalten.

Das Wesen des Guten ist: Leben erhalten, Leben fördern, Leben auf seinen höchsten Wert bringen.

Das Wesen des Bösen ist: Leben vernichten, Leben schädigen, Leben in seiner Entwicklung hemmen.

Das Grundprinzip der Ethik ist also Ehrfurcht vor dem Leben.

(Aus: Albert Schweitzer: Die Ehrfurcht vor dem Leben. München 1988: C. H. Beck)

15. Die schmerzliche und befreiende Ablösung von den Eltern

Begleitung und Ritual am Beispiel Konfirmandenunterricht

Das Lebensgefühl der Zwölf- und Dreizehnjährigen, die wir Gemeindepfarrerinnen und -pfarrer durch den Konfirmandenunterricht kennenlernen, ist deutlich das des Übergangs. Sie sind in einer zuweilen unglücklich machenden, zuweilen auch entlastenden Zwischenposition: nicht mehr Kind, noch nicht Erwachsener. Es ist die schwierige Zeit der notwendigen, allmählichen, schmerzlichen und befreienden Ablösung von den Eltern. Die Kinder brauchen die Erfahrung der Selbständigkeit, und plötzlich taucht dann das Bedürfnis auf, sich in die Geborgenheit bei den Eltern zurückziehen zu können und dort Schutz und Unterstützung zu finden.

«Wer bin ich für die andern?» – «Wer will ich selber sein?»: die Frage nach der eigenen Identität steht im Vordergrund. Um sie zu finden, müssen verschiedene «Rollen» erprobt werden, selbstverständlich auch die Geschlechterrolle. Der Spielraum für das Experimentieren mit der eigenen Identität ist auch heute noch immer eng. Früh schon legen Leistungsanforderungen und Konsum-

zwänge, vorgeprägte Weiblichkeits- und Männlichkeitsideale die Jugendlichen fest.

Um so wichtiger ist es, ihnen Freiräume zu schaffen, Gegenerfahrungen zu ermöglichen. Die Jugendlichen brauchen vor allem die Erfahrung, anerkannt und angenommen zu sein, unabhängig von Leistungen, unabhängig vom Wohlverhalten, unabhängig vom materiellen Besitz. Theologisch geredet heißt das: Sie brauchen die Erfahrung der Rechtfertigung, die Ermutigung zu einem authentischen Menschsein. Die Erfahrung, ohne Bedingung von Gott geliebt zu sein, soll sie dazu befreien, sich der eigenen Stärke bewußt zu sein und an den eigenen Schwächen nicht zu verzweifeln.

Dieser Übergang von der Kindheit ins Erwachsenenalter – in unserer Gesellschaft ein langer, mehrstufiger Prozeß – ist eine Lebenssituation, die viele Religionen mit einem Ritual gestalten, selbst Weltanschauungen, die sich nicht als Religion verstehen – wie etwa die staatlich verordnete Jugendweihe in der ehemaligen DDR zeigt. Wie auch in anderen Religionen gehört dazu ein Übergangsritus, in dem in Worte gefaßt und symbolisch vollzogen wird, worum es geht, und es gehört dazu die Unterweisung, in der das für das Leben als erwachsene Frau oder erwachsener Mann notwendige Wissen weitergegeben wird. (Wer sich religionsgeschichtlich vertiefen will, sei verwiesen auf: Mircea Eliade: Das Mysterium der Wiedergeburt. Versuch über einige Initiationstypen, 2. Aufl. Frankfurt/M. 1989.)

Wir gehen im folgenden von unseren Erfahrungen mit dem Konfirmandenunterricht in evangelischen Gemeinden aus. Obgleich in anderen Formen, geht es auch heute noch um den Vollzug dieses Übergangs. Jedes Jahr sind wir aufs neue erstaunt, wenn wir am Konfirmationssonntag «unseren» Konfirmandinnen und Konfirmanden begegnen: Wir treffen Menschen, die plötzlich erwachsen sind. Waren die meisten ein Jahr zuvor, als sie zu uns kamen, noch kindlich, haben wir z. B. auf den gemeinsamen Fahrten erlebt, wie sehr sie noch bemuttert werden wollten, so sieht es an diesem Tag oft aus, als hätten wir es mit anderen Menschen zu tun. Das liegt nicht in erster Linie an den gestylten Frisuren und den noblen Kleidern. Es ist vor allem das neue Bewußtsein, das die Jugendlichen an diesem Tag anders auftreten läßt. Sie sind jetzt (wenigstens an diesem Tag) erwachsen. Das zeigen sie. Das genießen sie. Darauf sind sie stolz.

In der Familienfeier wird der neue Status des Kindes oft mit der Aufhebung eines bisherigen Tabus gewürdigt: das erste Glas Wein (das erste offiziell erlaubte jedenfalls), die erste Zigarette (die erste öffentlich geduldete jedenfalls).

Geschenke sind Ausdruck von Anerkennung

Auch die teilweise ausgesprochen großzügigen (Geld-)Geschenke empfinden die Konfirmandinnen und Konfirmanden als Ausdruck der Wertschätzung ihrer Person und der Anerkennung ihres neuen Status. Wir teilen nicht die oft geäußerte Meinung, die Jugendlichen ließen sich nur der Geschenke wegen konfirmieren. Die Geschenke spielen gewiß eine große Rolle, aber letztendlich als Ausdruck von Anerkennung und Bestätigung. Das viele Geld macht z. B. den Kauf des Mofas möglich, das einen endlich von den Chauffeurdiensten der Mutter befreit.

Das Ritual des Konfirmationstages ist nur der eine Teil dessen, was die Jugendlichen brauchen. Auch wenn sie zunächst allein dieses Tages und seiner Gratifikationen wegen in den Konfirmandenunterricht zu kommen meinen, verlagert sich das Interesse der Mädchen und Jungen schon in den ersten Wochen. Weg von der Konfirmation, hin zu unseren monatlich einmal stattfindenden ganztägigen Treffen, den gemeinsamen Wochenenden und mehrtägigen auswärtigen Aufenthalten.

Für Jugendliche in dieser Entwicklungsphase sind Erfahrungen im Kreis der Gleichaltrigen, der Peer-group, wichtig. Damit solche überhaupt möglich sind, braucht es eine andere Organisationsstruktur als den üblichen Konfirmandenunterricht mit wöchentlich zwei Stunden.

Konfirmandinnen und Konfirmanden über sich

Boris (13): «Konfirmandenzeit – man gönnt sich ja sonst nichts!»
(Aufschrift auf dem Titelblatt der von unseren Konfirmandinnen und Konfirmanden fortlaufend selbst gestalteten «KONFI-Mappe»)

Sandra (14): malt ein lebensgroßes Bild von sich selbst: sie liegt auf einer grünen Wiese neben einer von Abfall überquellenden Mülltonne; darüber ein Regenbogen...

Dennis (13): malt ebenfalls ein lebensgroßes Bild von sich selbst: einzelne Körperregionen gestaltet er in verschiedenen Formen und Farben: z.B. den Bauch als offene Wunde, den Kopf mit Brettern vernagelt. Titel des Bildes: «Hoffnungslos»!

Sylvia (14): «Das bin ich nicht!»
(Äußerung im Gespräch über ihre eigene Gesichtsmaske)

Vom Katechismusunterricht zum «Club der toten Dichter»

Die Übergangsphase, in der sich die Jugendlichen befinden, macht ihnen auch Angst. Bei aller Freude über ihre zunehmend erlangte Selbständigkeit sehen doch viele von ihnen die Zukunft ausgesprochen pessimistisch: Die Bedrohung der Umwelt und des Weltfriedens, Hunger und Ungerechtigkeit, Fremdenhaß und Gewalt, Arbeitslosigkeit und Armut sind Probleme, die sie beschäftigen, auch wenn uns Erwachsenen dies nicht immer deutlich wird. Aber sie sind die nächste Generation, und sie werden mit den von uns hinterlassenen Problemen fertigwerden müssen. Das wissen sie. Und das macht sie weitgehend sprach- und hoffnungslos.

Im Gespräch über die erwähnten lebensgroßen Bilder wurde der 13jährige Dennis gefragt, ob er neben seiner Überschrift («Hoffnungslos») nicht wenigstens Reste von Hoffnungen in den Umrissen seines Körpers markieren und benennen wolle. Seine Antwort: «Hoffnungen? Ich habe keine Hoffnungen!» – Dennis ist Gymnasiast. Er kommt aus «normalen» Familienverhältnissen.

So betrachten wir es als die Aufgabe unseres seelsorgerlich-begleitenden Ansatzes der Konfirmandenarbeit, diesen Jugendlichen zu einer Sprache zu verhelfen, in der sie ihre Ängste ausdrükken dürfen und zu ihren Hoffnungen und Träumen zurückfinden. Diese Sprache wird – wenn sie nicht wieder verstummen soll – eine Sprache nicht nur des einzelnen sein können, sondern eine gemeinsame Sprache der aus ihrer Hoffnung gemeinsam Handelnden sein müssen. Auf den Weg zu diesem großen Ziel machen wir uns in jedem Jahr von neuem mit unseren Konfirmandinnen und Konfirmanden.

Und viele von ihnen gehen mit. So ist etwa der «Club der toten Dichter» (nach einem amerikanischen Filmtitel) als ständige Einrichtung bei den Mädchen und Jungen beliebt: Wir treffen uns bei Kerzenschein in einem mit Tüchern und Kissen gemütlich hergerichteten Raum. Die Jugendlichen haben Texte mitgebracht – eigene und fremde Texte, Lyrik und Prosa; und sie lesen sich einander vor und hören sich gegenseitig zu. Auch Bibeltexte sind dabei – manchmal; aber woher die Texte kommen, ist nicht so wichtig. Viele Texte, die uns im «Club der toten Dichter» vorgelesen wurden, könnten in der Bibel stehen, würde sie heute geschrieben…

Auch Eltern müssen Abschied nehmen

Zum Zeitpunkt der Konfirmation befinden sich auch die Eltern in einer Übergangsphase. Sie müssen sich verabschieden von der Kindheit des Kindes. Deshalb haben sie – wie die Kinder – Trauerarbeit zu leisten. Das ist besonders der Fall, wenn es das jüngste oder einzige Kind ist, das «eingesegnet» wird.

Viele Jahre hindurch sind wir als Eltern durch unsere Kinder definiert. Wenn auch nicht unbedingt am Tag der Konfirmation, aber doch in diesen Jahren stellt sich immer dringlicher die Frage: Wer werden wir sein, wenn uns die Kinder weniger brauchen?

Auch für die Eltern gilt: Um sich Neuem öffnen zu können, muß das Bisherige zu einem guten Abschluß gebracht sein. Eltern haben ein Recht, daß ihr Sorgen und Mühen mit den Kindern anerkannt und gewürdigt wird. Jetzt, wenn die Kindheit des Kindes zu Ende geht, wollen Eltern ihre Kinder mit einem Segen in die ungewisse, größere Selbständigkeit entlassen, in die sie die Kinder nicht mehr wie bisher begleiten können. Der Wunsch, Kinder mit diesem Segen zu entlassen, ist wohl eines der Hauptmotive von Eltern, ihre Kinder zum Konfirmandenunterricht anzumelden.

Es ist eigentlich schade, daß es für die Eltern nicht auch ein Übergangsritual gibt. Um so wichtiger kann das Gespräch der Eltern untereinander werden, der Austausch über die Erfahrungen, die wir als Eltern beim Loslassen der Kinder und der Gestaltung des nächsten Lebensabschnittes machen.

Wie in den alten Initiationsritualen «überlassen» auch heute manche Eltern ihr Kind für diese Vorbereitungszeit der Pfarrerin oder dem Pfarrer, wohl in der Annahme, die würden das schon recht machen. Möglicherweise sind sie dann aber sehr überrascht, daß diese Vorbereitungszeit heutzutage sehr anders verläuft, als Eltern und Großeltern sie in Erinnerung haben. Wo der Konfirmandenunterricht vor allem als Begleitung der Jugendlichen in der Übergangsphase gestaltet wird, da geht es nicht mehr vorrangig um Lernen von Bibel- und Liedversen, um Gebote und Katechismussätze, um strenge Prüfungen und Vermahnungen, an die sich Eltern und Großeltern vielleicht noch erinnern.

All das findet in dieser Weise nicht mehr statt. Wahrscheinlich sagt Ihnen dies zu. Aber manche Eltern wollen schon, daß doch wenigstens die Zehn Gebote auswendig gelernt werden sollten. Wir denken: Die Kinder kennen die Gebote längst. Es fehlt ihnen nicht das Wissen über die Gebote, es fehlen ihnen die erwachsenen Vorbilder, die die Gebote bis in ihre gesellschaftlichen und politischen Konsequenzen hinein zu leben versuchen.

Im Konfirmandenunterricht, der als Begleitung der Jugendlichen in der Übergangsphase gestaltet wird, sind deshalb Eltern erwünscht, die mitdenken, mitmachen, mitlernen, sich einmischen. In solchem Unterricht sind nicht Pfarrerin und Pfarrer die ausschließlichen Experten.

Stimmen von Eltern

Frau P.: «Jetzt, wo Oliver erwachsen wird und sich von zu Hause löst, bin ich froh, daß er irgendwo einen Halt hat.»

Herr S.: «Das Zusammensein in unserer Familie ist immer so vom Alltag geprägt. Wenn die Kinder bei Ihnen sind, dann haben sie noch mal richtig Spaß!»

Frau K.: «Ilona kann zur Konfirmandenfahrt nicht mitkommen; sie schreibt in dieser Woche eine Klassenarbeit, da darf sie nicht fehlen!»

Frau B.: «Ich freue mich richtig, daß mein Sohn bei Ihnen noch etwas anderes erlebt als bei uns zu Hause mit der Trennung zwischen mir und meinem Mann!»

Jugendliche und Tradition: ein Konflikt

Es ist nicht selbstverständlich und nicht überall so, daß der Konfirmandenunterricht die Lebenssituation und die Interessen der Jugendlichen aufgreift und von daher nach der Lebenshilfe fragt, die Kirche und christliche Überlieferung ihnen bieten können.

Die Konfirmation ist im 16. Jahrhundert entstanden. Ihre Ursprungsidee ist, daß die als Säuglinge Getauften sich in eigener

Verantwortung zum christlichen Glauben bekennen sollen, um so ihre Taufe erst «vollständig» zu machen. Die Konfirmation betont also die Notwendigkeit der persönlichen Aneignung des Glaubens und des persönlichen Bekenntnisses zu ihm. Wo der Konfirmandenunterricht so verstanden wird, bildet die Vermittlung biblischer Geschichten, das Kennenlernen der Kirche, ihrer Lehre und des Gottesdienstes den Inhalt.

Jugendliche kommen aber zumindest heutzutage nicht zur Konfirmation, um ihre Taufe durch ein persönliches Glaubensbekenntnis zu ergänzen. Auch vielen Eltern ist dieses Motiv fremd. Konflikte sind dann unvermeidlich. Nicht nur Pfarrerinnen und Pfarrer sind enttäuscht, auch die Gemeinden, die Jahr für Jahr vergeblich erwarten, daß sich die Jugendlichen nach der Konfirmation in das vorgegebene Gemeindeleben einordnen. Es ist für die von der Tradition geprägten Gemeinden wichtig, aber sehr schwer, sich vorbehaltlos den Jugendlichen und ihrer Lebenssituation zuzuwenden.

Um so wichtiger ist, daß Eltern und Jugendliche den Unterricht und die Konfirmation nicht allein Sache der Pfarrerin oder des Pfarrers sein lassen, sondern sich an Planung und Gestaltung beteiligen.

Der Unterricht, der als seelsorgerliche Begleitung der Jugendlichen gestaltet ist, ist nicht weniger christlich oder weniger kirchlich, er geht von einem anderen Verständnis aus. Er sieht die Situation des Menschen geprägt von Kräften, die ihn sich selbst, seinem Nächsten, der Schöpfung und dem Schöpfer entfremden. Glauben erfahren heißt dann vor allem zu erfahren, daß Beziehungen geheilt werden. Die Bibel versteht unter «Tod» den Verlust und Zusammenbruch von Beziehungen, «Leben» heißt gelingende Beziehungen. So kann der Vater im Gleichnis von den verlorenen Söhnen von seinem zurückgekehrten Sohn sagen: «Dieser mein Sohn war tot, und siehe, er lebt.»

In diese Bewegung, in der erfahren wird, daß Beziehungen gelingen und gestörte Beziehungen geheilt werden können, sollen die Jugendlichen in der Konfirmation hineingenommen werden. Das ist das Ziel, sicher oft nicht die Wirklichkeit. Aber Schritte dorthin sind möglich. Und wo sie mit Jugendlichen gegangen werden, sind sie auch für die Erwachsenen eine Chance, für Eltern und für die Kirchengemeinde.

Gestaltung des Konfirmationstages

Abschließend möchten wir Ihnen noch einige Anregungen für die Gestaltung des Konfirmationstages in der Kirche wie auch in Ihrer Familie geben:
Sie müssen den *Konfirmationsgottesdienst* nicht nur passiv als Zuschauer mitmachen. Es gibt eine Reihe von Möglichkeiten, an seiner Gestaltung aktiv mitzuwirken. Die konkrete Umsetzung kann dann von Pfarrer, Eltern und Konfirmand gemeinsam geplant werden:
– Vielleicht gibt es musikalische Talente in Ihrer Familie; bieten Sie dem Pfarrer/der Pfarrerin an, sich mit einem Musikstück zu beteiligen (es muß übrigens nicht immer sakral und barock sein!);
– Vielleicht fallen Ihnen oder den Taufpaten Texte zum Nachdenken ein. In Absprache mit Pfarrerin oder Pfarrer sind sie sicherlich gut in den Gottesdienst einzubeziehen (es muß übrigens nicht immer nur fromm und ernst sein!);
– Vielleicht fallen Ihnen im Gespräch mit anderen Eltern oder Ihren Kindern Themen ein, die an diesem Tag wichtig sein könnten; womöglich erfinden Sie zu einem dieser Themen eine kleine Szene, die Sie im Gottesdienst vorspielen (es muß übrigens nicht immer perfekt sein!).

Dann einige Stichworte zu Ihrer *Familienfeier:*
– Leitfragen: Was können wir tun, damit die Gestaltung dieses Tages seinem Anlaß, dem Übergang von einer zur anderen Lebensphase des/der Jugendlichen und der Eltern, gerecht wird? Worin bringen wir unsere gegenseitige Wertschätzung, unseren Dank für Zurückliegendes, unsere Hoffnungen und Wünsche auf Bevorstehendes, aber auch unsere Sorgen und Ängste zum Ausdruck?
– Motto: «Schön, daß Du da bist - schön, daß Ihr da seid!»

– Gäste: Wegbegleiter, vielleicht eine Erzieherin aus der Kindergartenzeit, die Grundschullehrerin, die erste Schulfreundin…, heutige Freunde, die Taufpaten und natürlich die Großeltern, aber auch andere Wegbegleiter.
– Was man an diesem Tag alles machen kann: Alle Gäste bringen Gegenstände mit, die sie mit dem Konfirmanden/der Konfirmandin und/oder mit dem Tag verbinden: Fotos, Briefe, Erinnerungsstücke oder Gegenstände, die eine gemeinsame Erfahrung zum Ausdruck, oder Symbole, die Wünsche für den neuen Lebensabschnitt auf den Punkt bringen. Vielleicht gibt es jemand unter den Gästen, der/die einige der mitgebrachten Gegenstände und die damit verbundenen Geschichten zu einer kleinen Conférence verknüpfen kann.
Oder: Sie gestalten gemeinsam ein Konfirmationsbuch als Erinnerung an diesen Tag. Dazu brauchen Sie ein Fotoalbum oder ein schönes Ringbuch und dazu Einlegeblätter. In dieses Buch können alle Gäste etwas schreiben, mitgebrachte Fotos oder auch aktuelle Tagesnachrichten aus Zeitungen und Zeitschriften einkleben.
So verhindern Sie, daß Ihre Familienfeier eine Feier wird, die zu verschiedenen anderen Anlässen ganz ähnlich aussehen würde. Gestalten Sie für den einmaligen Anlaß ein einmaliges, unverwechselbares Fest!
– Und noch eine Idee: Ihr Familien- und Freundeskreis ist nicht so groß? – Dann tun Sie sich doch mit einer oder zwei anderen Konfirmationsfamilien zusammen! Feiern Sie gemeinsam.

(Georg Pape/Astrid Diedrich)

Steht noch dahin

Ob wir davonkommen ohne gefoltert zu werden,
ob wir eines natürlichen Todes sterben,
ob wir hungern, die Abfalleimer nach Kartoffelschalen
durchsuchen,
ob wir getrieben werden in Rudeln, wir haben's gesehen.

Ob wir noch die Zellklopfsprache lernen,
den Nächsten belauern,
Vom Nächsten belauert werden,
und beim Wort Freiheit weinen müssen.

Ob wir uns fortstehlen, rechtzeitig auf ein weißes Bett
oder zugrunde gehen am hundertfachen Atomblitz,
ob wir es fertigbringen mit einer Hoffnung zu sterben,
steht noch dahin,
steht alles noch dahin.

(Marie Luise Kaschnitz,
aus: Gesammelte Werke, 3. Band,
Frankfurt a. M.: Insel 1982)

16. Eltern müssen nicht perfekt sein – auch nicht in Sachen Religion

Gerade in einem Gebiet wie der religiösen Erziehung, auf dem man vielleicht zu den gebrannten Kindern gehört, möchte man bei den eigenen Kindern nichts falsch machen, nicht wiederholen, was aus eigenem Erleben in schlechter Erinnerung ist. Wenn es den Ausweg in die Vermeidung religiöser Fragen nicht gibt, wie dann fertig werden mit der Angst, nicht wiedergutzumachende Fehler an den eigenen Kindern zu machen?

«Die Mutter als Schicksal» hieß der programmatische Titel eines Buches, das psychoanalytische Erkenntnisse über die Bedeutung der Mutter popularisieren wollte. Und entsprechend gibt es ja unter Pädagogen durchaus die Tendenz, alle Verhaltensweisen der Kinder zu entschuldigen mit dem Hinweis auf das Versagen der Eltern, meist konkret gemeint: der Mütter. Mütter sind an allem schuld – das wird ihnen auf vielerlei Weise vorgeworfen. Und das sagen sich gerade verantwortungsbewußte Mütter oft genug selbst. Welches Problem eines Kindes könnte nicht von jedem psychologisch halbwegs Gebildeten mühelos entweder auf Überbehütung oder Vernachlässigung des Kindes durch die Mutter zurückgeführt werden?

Die Angst, die aus dem Versuch entsteht, keinen Fehler am eigenen Kind zu machen, treibt aber leicht in einen Teufelskreis aus

überzogenen Forderungen an sich selbst, Schuldgefühlen, unsicherem Verhalten, Vorwürfen an die eigene Adresse und neuen nicht einlösbaren Anforderungen an sich selbst.

Wie aber herauskommen aus dieser Gefahr?

Ein erster Schritt ist vielleicht schon die Einsicht, daß diese Ängste der Schatten des Versuchs sind, in der Erziehung der eigenen Kinder keine Fehler zu machen.

Diese Einsicht kann gestützt werden mit den Ergebnissen vielfältiger Studien, die einen so einlinigen Kausalzusammenhang zwischen Problemen von Kindern und mütterlichem Verhalten relativieren. So wichtig mütterliches Verhalten ist, es zwingt Kinder nicht in eine schicksalhaft festliegende Bahn. Viele andere, korrigierende Einflüsse wirken mit, viele Möglichkeiten bleiben offen. Und längst nicht jedes einzelne Verhalten, auch nicht jeder einzelne gravierende Fehler zeitigt bleibende Folgen. Entscheidend ist die grundsätzliche Beziehung, die von Nähe und Akzeptanz, Verständigungsbereitschaft und Kontinuität lebt, nicht von Fehlerlosigkeit.

Und weiter zur Entlastung der Mütter: Warum eigentlich immer und nur die Mütter? Warum nicht auch die Väter, die Großeltern (schließlich sind ja Eltern nichts anderes als die Kinder ihrer Eltern), Erzieherinnen und Lehrerinnen, Stadtplaner, Architekten und Politiker, die für die Lebensbedingungen der Kinder verantwortlich sind, eben alle, die mit dem Kind zu tun haben oder zu tun haben sollten? Die von der Psychoanalyse herausgearbeitete Bedeutung der Mutter wird gesellschaftlich benutzt, um Mütter zum Sündenbock zu stempeln für alle Probleme, die Kinder haben und machen. Es ist auch ein Stück Selbstbefreiung der Mütter, wenn sie sich aus der Rolle des Sündenbocks befreien, sich nicht länger verantwortlich machen (lassen) für Probleme, die Bildungs- oder Familienpolitik, Verkehrsplanung oder Unterrichtsorganisation verursachen.

Und vor allem: Brauchen denn Kinder wirklich perfekte Eltern? Am Anfang halten Kinder ihre Eltern für allmächtig, allwissend. Aber mit jedem Schritt ihrer Entwicklung lösen sie sich aus dieser Phase magischen Denkens über sich und ihre Eltern. Und dabei brauchen Kinder nicht Eltern, die sich hinter einer Charaktermaske vorgeblicher Unfehlbarkeit verstecken, sondern Eltern, die authentisch sind, offen, die den Kontakt zum Kind nicht abbrechen, wenn es Störungen gibt. Kinder brauchen keine durch ihre vermeintliche Vollkommenheit erdrückenden Vor-Bilder, sondern Eltern, die darin vorbildlich sind, daß sie auch zu ihren Grenzen und Fehlern stehen. Kinder brauchen durch Lebensvollzüge und Worte die Erfahrung: «Wir haben dich lieb, so wie du bist, nicht weil du vollkommen bist, nicht weil du einmal tüchtig, gut, fromm sein wirst, sondern aus dem einfachen Grund, daß es dich gibt, daß du bei uns bist.» Diese lebenswichtige Botschaft kommt bei Kindern wohl überzeugender an, wenn sie Eltern erleben, die sich selbst auch in ihrer Unzulänglichkeit bejahen.

Damit aber erweist sich als Kern des Problems eine doppelte, zutiefst religiöse Frage, die Eltern im Blick auf ihre Rolle haben:

- Wie kann ich Verantwortung übernehmen für ein Kind, dessen Lebensweg ich nicht sichern, dessen Glück ich nicht «machen» kann?
- Wie kann ich selbstbewußt und zuversichtlich Mutter oder Vater sein, wenn ich mit Sicherheit nicht alles richtig machen kann, nicht perfekt sein kann, nicht ohne Schuld bleibe?

Eltern zwischen Verantwortung und Ohnmacht

Man kann vermuten, daß manche Kinder deshalb nie geboren werden, weil die Eltern zwar ein Kind wollen, aber Termin und Umstände perfekt geplant sein sollten. Und immer fehlt doch noch etwas, sei's die richtige Wohnung, sei's ein Karrieresprung bei einem der Elternteile oder sonst etwas.

Das vollkommen geplante Kind wäre zugleich ein überfordertes Kind. Denn es würde sich mit seinem Eigen-Sinn nicht wie vorgesehen in die Lebenspläne der Eltern einfügen lassen, nicht so viel an Lebenssinn und Lebensglück bringen können, nicht so kompensieren können, was es den Eltern an Belastung zumutet, wie das dem durchkalkulierten Familienplan entspräche.

Ein Kind zu bekommen bleibt ein Risiko, das erst einmal das Kind und dann auch die Eltern tragen. Ein Kind ist von den Eltern abhängig, anfangs völlig, und doch können die Eltern nicht übersehen, wie ohnmächtig sie sind. Das Kind bleibt bedroht von vielen Gefahren, äußeren und inneren, familiären und politischen. Ein Kind bekommen heißt Verantwortung übernehmen, ohne die Macht zu haben, sie einlösen zu können. Früher sagten das die Menschen hierzulande so: Kinder sind uns von Gott auf Zeit anvertraute Geschöpfe, sie sind Gottes Gabe, nicht unser Eigentum, er sorgt für sie, und wir sind nur Mitarbeiter seiner Fürsorge.

Solche Sprache und solches Denken mag uns sehr fremd sein. Aber ohne Hoffnung über die Grenzen der eigenen Macht hinaus gibt es keine realitätsbezogene Elternschaft, ohne Vertrauen auf andere Menschen und Kräfte kann die persönliche Verantwortung für ein Kind nicht übernommen werden.

Und dieses Problem wächst ins Uferlose, wenn wir uns nicht nur als Eltern unserer eigenen Kinder sehen, sondern auch als Erwachsene, die gegenüber den gesamten nachkommenden Generationen Verantwortung tragen. Wie ertragen wir es, ohne unseren eigenen Kindern die Lebensfreude mit eigener Verzweiflung zu verdüstern, mitverantwortlich zu sein für die Lebensbedingungen in 20 oder 50 Jahren, nicht nur hier, sondern rund um den Globus?

Die Suche nach Hoffnung und Vertrauen angesichts des verantwortungsbewußt ins Leben gerufenen Kindes ist eine originär religiöse Aufgabe der Eltern, wie immer sie diese Frage beantworten.

Janusz Korczak hat diesen Tatbestand vom Kind her formuliert, als er zu den vier Grundrechten des Kindes (s. S. 91) das «Recht des Kindes auf seinen eigenen Tod» zählte, das Recht darauf, daß ihm nicht alle Risiken abgenommen werden, weil dies das Kind seiner Selbständigkeit berauben würde – wenn auch vielleicht in bester Absicht. So bleibt Eltern gerade an wichtigen Stationen der Entwicklung ihrer Kinder der Wunsch, daß das Kind seinen Weg finden wird durch alle Irritationen, das Vertrauen, daß es alle Gefahren bestehen wird, daß ihm Glück, Heil und Segen geschenkt werden. Die ehrliche Einsicht in diese Situation läßt auch Eltern, die der Kirche fernstehen, ihre Kinder zur

Taufe und Firmung bzw. Konfirmation anmelden (s. Kapitel 7 und 15).

Eltern zwischen Gelassenheit und Selbstzweifeln

Eltern können nicht alles richtig machen, sie bleiben ihren Kindern vieles schuldig, sie werden an Kindern schuldig, unvermeidlich. Der Versuch bemühter Eltern, jede neue Information aufzunehmen, jeden gut klingenden Rat sofort zu befolgen, wird belächelt, ohne zu würdigen, wie viel ernsthaftes Bemühen in solcher Suche steckt. Aber je pluralistischer Lebensdeutung, Ethiken und pädagogische Prinzipien werden, um so schwieriger wird die Suche nach vermeintlichen Sicherheiten, den «richtigen» Lösungen für alle erzieherischen Fragen.

Das Bemühen, alles «richtig» zu machen, treibt in ein Pendeln zwischen Selbstzweifel und Selbstgerechtigkeit. Welche Wechselbäder erleben Kinder heute im Vergleich zu der Zeit, wo religiöse und ethische Normen als selbstverständlich galten, selbst wenn viele sich längst nicht immer danach richteten.

Was also rechtfertigt Eltern in ihrem Erziehen, wenn nicht einmal verbindlich auszumachen ist, was «richtig» und «falsch», angemessen oder schuldhaft ist?

Es gehört zu den zentralen Aussagen der christlichen Überlieferung, daß Menschen, daß natürlich auch Eltern, sich nicht selbst rechtfertigen müssen, nicht selbst den Sinn ihres Lebens und Tuns garantieren müssen, sondern daß dies ein Geschenk ist. Gelassenheit und Unbefangenheit können daraus erwachsen, der Mut, in der Erziehung etwas zu wagen und selbstbewußt zu ertragen, wenn dabei Fehler unterlaufen, aus welchem Grund auch immer. Martin Luther hat diese These zugespitzt: Es gelte «tapfer zu sündigen», also im Wissen um die Unvermeidbarkeit von Schuld das Leben, Elternschaft, gelassen und selbstbewußt zu gestalten, weil der Mut zum Leben auf einem anderen Grund ruht als der eigenen Vollkommenheit, nämlich auf göttlicher Gnade.

Zwei Schritte in unterschiedliche Richtungen machen diese Entlastung vielleicht erfahrbar:

• Der Schritt von der (religions)pädagogischen in die politische Verantwortung: Vieles von dem, was wir für Kinder wollen, ist nicht mit Pädagogik, sondern allenfalls mit Politik zu verwirklichen. In den Gremien und Parlamenten, wo die grundsätzlichen Entscheidungen fallen, fehlen aber notorisch die Eltern kleiner Kinder. Das hat zwar leicht erklärbare Gründe, ist aber dennoch sehr unbefriedigend. Es hilft nichts: Eltern müssen darauf dringen, daß politische Gremien (auch Gruppen in Kirchen, Umweltschutz-Verbänden usw.) zu Zeiten und unter Umständen tagen, die Eltern kleiner Kinder das Mitmachen erleichtern. Eltern können und müssen nicht alles selber tun, sie können sich auch vertreten lassen von oder zusammentun mit denen, die beruflich Verantwortung für Kinder haben: Erzieherinnen und Lehrerinnen, Kinderärzte, Betreuerinnen in Vereinen, Pfarrer und Mitarbeiterinnen im Jugendamt... Hier sind große Koalitionen und weitgeknüpfte Netze erforderlich und ein Ernstnehmen und Fördern von Organisationen, die sich um die Rechte und Lebensbedingungen von Kindern kümmern, von Kindern in der Bundesrepublik wie der Deutsche Kinderschutzbund, aber auch von Kindern anderswo, ob das Terre des hommes oder Brot für die Welt, UNICEF oder Misereor oder eine der vielen kleineren Organisationen ist. Solches Wahrnehmen politischer Verantwortung entlastet die pädagogischen Bemühungen.

Der andere Schritt: Eltern kleiner Kinder sind oft isoliert. Auch das hat verständliche Gründe, vermehrt aber die äußeren und die inneren Belastungen. Für eine isolierte Familie kann die Erkrankung eines Kindes zum Zusammenbruch der Alltagsorganisation führen. Und die Fragen, ob ich in der Erziehung alles recht mache, ob ich nicht selbst schuld bin an diesem oder jenem Problem meines Kindes, solche Fragen können sich in der Isolation einer Kleinfamilie zu quälenden Selbstzweifeln ausdehnen.

Der Erfahrungsaustausch mit anderen kann eine ganz wichtige Stütze sein, besonders dann, wenn er von einer kompetenten Person, etwa einer geschulten Erzieherin im Kindergarten, begleitet wird.

Wir haben betont, daß religiöse Erziehung nicht von den Familien weg an Institutionen wie Kindertagesstätten oder Schulen delegiert werden kann. Diese haben andere Aufgaben als die Familien. Aber deshalb brauchen Eltern mit einer Frage nicht allein zu bleiben, die so viel Unsicherheit auslöst, wie es eben die Frage nach der «richtigen» religiösen Erziehung tut. Es gibt vielerorts vielerlei Angebote.

Sollten Sie kein Angebot ausfindig machen können, so gehen Sie doch mit diesem Buch zu einer Kirchengemeinde oder einem konfessionellen Kindergarten oder einer Familienbildungsstätte oder Volkshochschule und schlagen vor, zu einem Gesprächskreis einzuladen, in dem Fragen besprochen werden, die dieses Buch bei Ihnen ausgelöst hat.

(Egbert Haug-Zapp)

Den Müttern

Viel Böses geschieht.
Aber dieses, daß Kinder
Immer von neuem die Augen aufschlagen zum Leben,
Eben umhüllt noch vom Urtraum im Leibe der Mutter,
Und schon umfangen vom Auge der Sorge und Liebe,
Weinend zuerst,
Doch dem Weinen gesellt sich ein Lächeln,
Staunen sodann und Ergreifen und endlich ein Rufen –
Viel Böses geschieht,
Aber dieses, ihr Mütter,
Dieses ist gut.

(Albrecht Goes, aus: Lichtschatten du,
Frankfurt: Fischer 1978)

Die Autorinnen und Autoren

PAUL MARTIN CLOTZ, geb. 1940, war Gemeindepfarrer und Religionslehrer, von 1978 bis 1986 Kindergottesdienstpfarrer, danach Hausmann. Seit 1992 im Bereich Spiritualität und Meditation tätig, beteiligt an der Entwicklung des Bibliodramas und der Wiederentdeckung des Kirchenjahres.

ASTRID DIEDRICH, geb. 1959, Pfarrerin. Seit fünf Jahren eine Pflegetochter. War Seelsorgerin in einer Justizvollzugsanstalt und Gemeindepfarrerin, derzeit arbeitet sie als Schulpfarrerin.

EGBERT HAUG-ZAPP, geb. 1938, Vater von vier Kindern, Pfarrer und Journalist, ist Leiter der Evang. Ausbildungsstätte für sozialpädagogische Berufe im Elisabethenstift Darmstadt. Seit 1970 Fortbildung und Fachpublizistik für Erzieherinnen. Mit Anne Kettner-Grosbüsch veröffentlichte er in der Reihe «Mit Kindern leben» «Das Kindergartenbuch» (rororo-Sachbuch 8790).

ANNE KETTNER-GROSBÜSCH, Erzieherin und Sozailpädagogin, Mutter einer Tochter, war Leiterin von Kindertagesstätten, derzeit in der Ausbildung, Fortbildung und Beratung von Erzieherinnen tätig. Mitherausgeberin von «Das Kindergartenbuch».

HEIDI MÜHLE, Pastorin. Studium der Kirchenmusik und Ausbildung zur Gemeindehelferin; Tätigkeiten in der Kinder- und Jugendarbeit einer Kirchengemeinde und in der Aus- und Fortbildung kirchlicher Mitarbeiterinnen. Berufsbegleitende theologische Ausbildung. Zwanzig Jahre für die religionspädagogische Fortbildung und Beratung von Erzieherinnen im Diakonischen Werk von Hessen und Nassau zuständig.

GEORG PAPE, geb. 1945, Theologe und (Gestalt-)Psychotherapeut, Aus- und Fortbildung für Mitarbeiterinnen in sozialen und pädagogischen Berufen. Seit 1986 Gemeindepfarrer. Verheiratet, zwei Töchter.

GRIET PETERSEN, Dr. theol., Pfarrerin z. A. in Eschau im Spessart. Eine Tochter, geb. 1992. Teilt sich Beruf, Haus- und Familienarbeit mit ihrem Mann.

DANIEL SZEMERÉDY, Pfarrer z. A. im Teildienst in Eschau im Spessart. Eine Tochter, geb. 1992.